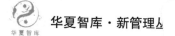
华夏智库·新管理丛

U0619392

ZHANLUE DADANPIN

战略大单品

肖一刀 著

经济管理出版社
ECONOMY & MANAGEMENT PUBLISHING HOUSE

图书在版编目（CIP）数据

战略大单品/肖一刀著. —北京：经济管理出版社，2016.7
ISBN 978 - 7 - 5096 - 4394 - 5

Ⅰ. ①战… Ⅱ. ①肖… Ⅲ. ①品牌战略—研究—中国 Ⅳ. ①F279. 23

中国版本图书馆 CIP 数据核字（2016）第 102263 号

组稿编辑：张　艳
责任编辑：丁慧敏
责任印制：黄章平
责任校对：张　青

出版发行：经济管理出版社
　　　　　（北京市海淀区北蜂窝 8 号中雅大厦 A 座 11 层　100038）
网　　址：www. E - mp. com. cn
电　　话：(010) 51915602
印　　刷：三河市海波印务有限公司
经　　销：新华书店
开　　本：720mm × 1000mm/16
印　　张：14. 75
字　　数：187 千字
版　　次：2016 年 7 月第 1 版　2016 年 7 月第 1 次印刷
书　　号：ISBN 978 - 7 - 5096 - 4394 - 5
定　　价：38. 00 元

前　言

在未来十年，中国市场将出现两股"潮流"：一是企业从传统的资源驱动向创新驱动升级；二是大批企业仍然依靠资源和机会驱动，依靠产业链中下游特别是产品和渠道环节，奠定企业实力的潮流。这个"二流"合一的现象，将是中国经济未来几年的主流现象，将会在中国企业中长期存在。中国从此将进入大单品制胜的时代！

大单品，顾名思义就是指那些想要创造一个品类代表、满足新时代消费者需求等战略目的，并通过迭代创新持续占领消费者领域，帮助本身品牌获得强势竞争地位的盈利武器！例如苹果的 iPhone 系列手机、腾讯 QQ、伊利的安慕希、康师傅的红烧牛肉面、娃哈哈的营养快线、统一的老坛酸菜牛肉面等这些产品，都属于各自品牌的战略大单品。无数的案例已经表明，企业的命运常常因一款成功的战略大单品取得翻天覆地的变化，从而使企业由赢弱走向富强。而数款成功战略单品和强势品牌的打造，将成就一家了不起的企业。

自金融危机至今，雷曼、美林、柯达、诺基亚等曾经称霸市场的著名企业纷纷倒闭或面临被收购的命运。目睹泡沫破灭且有远见的企业家早已发现，必须远离浮躁回到企业本身，企业的真正王道以及最初的原始生命力是品牌产品。

经济学家们预测，中国市场在未来十年将迎来新一轮的消费升级与品类重构，对于创业者来说，可谓千载难逢的机会。在"战略大单品"这个理论大体系下，企业想要创建属于自己的王者品牌，想要实现差异化，就需要不断聚焦，把全部力量集中在战略单品的打造上，从之前切入旧有品类，依靠价格战、促销战、大规模广告投入以及领导品牌艰难竞争的旧做法转变为把握未来趋势，重新构建企业战略，开创崭新品类，用市场前瞻者的身份实现产品迭代，将品牌发展的新模式推动起来。使战略单品成为所有品牌经营活动的重中之重，让战略单品成为引领企业的王者和持续盈利的第一利器！

眺望未来，新商业文明的不断涌现，使消费者逐渐成为经济生活的主人，以厂商为中心的时代必将被以消费者为中心的时代逐渐取代。在这样的大环境下，那些有能力制定出更长远的品牌战略，领先进行品类创新、打造战略单品的企业，并在此基础上成功创立强势品牌的企业，那些能够完全满足消费者需求的企业，一定会在品类创新大潮中，搭乘新商业文明的快车，跟随时代的变化，持续盈利！

目　录

第一章　别掉队，跟上大单品时代

蒙牛特仑苏、光明莫斯利安、娃哈哈营养快线、汇源100%橙汁、罐装可口可乐、立顿红茶包、加多宝、五粮液52度酒、洋河蓝色经典等，所有这些产品，都是各自品牌的战略大单品。这些品牌之所以能够在市场上超越其他品牌、叱咤风云，都是因为它们拥有了自己的"核武器"——战略大单品。

什么是战略大单品

战略大单品就是把一个单品当成一个品牌来做，从资源配置上强力聚焦大单品，以大单品为一切运营工作的重心。战略大单品的特征，如图1-1所示。

通俗地讲，品牌运营工作是一个圆，那么大单品就是这个圆的圆心。关键时候，需要聚集10倍的推广资源在此单品上，以通过该单品形成明星效应，达到以点带面的效果带动品牌整体销售。

统一方便面曾经在全国方便面市场节节败退，一直被康师傅方便面打压，

战略大单品特征：

（1）代表未来发展趋势

（2）最受消费者喜欢和迷恋

（3）上规模的大市场

（4）代表企业DNA

（5）最容易发挥企业优势等

图1-1　战略大单品特征

直到聚焦推出"老坛酸菜牛肉面"这一战略单品，几年的时间，销售额就从2亿元蹿升到40亿元，直逼长期占据方便面霸主地位的康师傅红烧牛肉面。

不管是品类刚刚创新的中小企业，还是已经做大的中大型企业，它们之间的竞争，其本质是单品的决胜，而不是产品群的决胜。

"战略单品"的内涵包括五个维度，分别是战略目的、消费需求、品类代表、抢占心智、迭代创新。"战略单品"中的"战略"代表了战略目的，"单品"原指商品，任何商品在单独提及的时候都可以被称作单品，在战略单品的概念中，单品代表了某一品类，代表了引领消费需求、开拓品类代表、抢占消费者心智以及持续迭代创新的产品。

具体来讲，战略目的是相对于常规的战术性产品而言的，战略单品的诞生和推出，不是出于企业的战术性目的，而是出于企业战略性的经营目的，它的战略使命，是成为新市场的王者，成为新品类的代表性品牌，成为自己品牌做大做强的核武器。iPhone的诞生，就是因为乔布斯将苹果公司企业战略的核心定位于高端消费电子产品及服务融合，它的战略使命，就是颠覆智能手机市场的格局，成就伟大的产品。

所谓消费需求，是指战略单品是为了迎接、创造、引领一种新的消费需求而诞生的。例如，小米邀请用户参与设计与生产，其对口碑的极致追求，实质正是为了满足个性化的消费需求，提升产品竞争力。

所谓品类代表，就是有意识地创造、开发出一种新的具有鲜明特征的产品类别，这种产品类别正好满足或唤起消费者的某种尚未被满足或未能被很好满足的需求，并成为这一品类的杰出代表。娃哈哈"果汁＋牛奶"的营养快线，就是从牛奶饮品中细分出来的，目标人群为不喜欢纯牛奶口感、喜欢喝甜性果汁味牛奶的一群人，营养快线投放市场后立刻受到消费者追捧，并成为娃哈哈盈利贡献最大的一个品类。

所谓抢占心智，就是开创的新品类成为首个进入潜在顾客心智的品牌，最终主导某一品类。换句话说，只有抢占心智的单品，才是真正意义上的战略单品。可口可乐在消费者心智中的可乐阶梯上占据首位并因此代表美国价值，乔布斯也做到了让苹果在创新产品和创造文化上占据了首位，这就是抢占了消费者的心智。

所谓迭代创新，即以技术创新、消费需求或市场规律为导向，渐进性地完善现有产品，向市场提供更具需求性的产品，逐步抢占更多消费人群的心智，持续引领消费需求，占领市场。基于对性能的极致追求，微信一共发布了45个版本。微信已经从刚开始的"能发照片的免费短信"变成了"最受用户青睐的手机通信软件"。2014～2015年，微信发布的版本虽然有所减少，但是每次更新都由微创新演变成了结构化的整体创新，并带来颠覆性的结果。

因此，企业要创建品牌，要进行品类创新，就需要聚焦、聚焦、再聚焦，集中全部力量在战略单品的打造上，由以往切入旧有品类，依靠价格战、促销战、大规模广告投入及领导品牌艰难竞争的老做法转变为把握未来趋势、重构企业战略、开创崭新品类，以市场引领者的身份实现产品迭代并推动品牌发展的新模式。让战略大单品成为所有品牌经营活动的核心，成为企业持续盈利的第一利器。

脑残产品，企业长不大的原因

在产品领域，失败的产品要远远多于成功的产品，缺乏策略或策略出现差错的产品，也比策略性产品要多很多。这些缺乏策略的产品，是企业未能经过科学策略性研究和决策，就仅仅凭借着领导人直觉而投放市场的产品，这类产品就属于"无脑产品"；策略出现差错的产品，通常是企业进行过策略研究，包括外部策划、咨询、广告公司等的参与，仍然摸不到点子上的产品，称为"脑残产品"。

使用"无脑产品"、"脑残产品"这样的词汇，并不是为了讽刺企业，而是提醒企业必须重视产品策略这一问题。当然，当我们随意环顾身边的产品，总是会轻易发现大量无脑及脑残产品。

无脑产品有哪些？

例如，汉王电纸书，就是一个典型的无脑产品。汉王电纸书的无脑体现在对产品趋势、定价处于自我梦游状态：汉王电纸书在一个内容必然为王的产业链（电子阅读）里，靠卖高价硬件去建立品牌。而且在竞争环境已经发生明显变化的情况下，仍然不及时采取措施，导致汉王科技业绩坐上"过山车"，成为创业板"业绩变脸"最大的公司，股价从最高时的 175 元跌至 2015 年的 30 元。

　　早年间，娃哈哈推出的"啤儿茶爽"同样归类于无脑产品系列。恐怕连娃哈哈自己也对"啤儿茶爽"这一"创新产品"没有多少期待，甚至轻易地确定了产品策略：用学校作为背景，以女性为诉求对象的"啤儿茶爽"广告甚至还喊出一句非常有挑衅性的口号："你 OUT 了！"

　　学生喝茶还能理解，不喝"啤儿茶爽"便 OUT 了，策划者绞尽脑汁推出的这一噱头恐怕连自己都无法"说服"吧。这些花费大量人力财力的广告只是赚了点眼球，并没能改变"啤儿茶爽"的悲惨命运，从其上市起，所有评论几乎一边倒地预测，这一产品会很快"OUT"。实际上也的确如此。

　　中国饮料之王娃哈哈为何也不惜采用"试错"策略？

　　首先，中国大多数消费者实际上属于企业的"鱼肉"，在饮料市场里，主要是供应方决定消费者喝什么。这样一来，你怎么能指望企业一定会以消费者的需求为导向呢？其次，中国市场存在进入门槛低、失败率小的品类，例如食品和饮料产业，出几个试错产品，如果有一个能成为营养快线第二，那就侥幸赚了，纵使失败了，也不会有多大的损失。

　　以上就是大多数企业在"鱼肉消费者"的潜意识下，敢于做出无脑产品和脑残产品去试错的原因，实在是门槛太低、失败代价太小的缘故造成的！

　　不过，在家电、数码以及 IT 等高手如林、进入门槛相对较高的品类里，大多数企业都没有胆量去采取试错式产品策略，实在是因为这些品类的门槛高、失败代价太大的缘故：直到 2008 年诺基亚还是手机之王，然而到了2011 年市场价值竟然缩水 80%，延续到 2013 年竟被微软收购，而后起之秀苹果却一跃成为现金储备 2028 亿美元（截至 2015 年底），远超美国财政部的手机新巨头！

　　脑残产品又有哪些呢？

　　无脑产品是判断模糊也要上，脑残产品一般是"聪明过头"，反倒违背了常识。

农夫山泉作为引领创新产品的典范公司，却没能拼过娃哈哈，而且新品失败率也颇高。查阅农夫山泉的产品发展史可以得到这样一个结论：这家公司并非败在缺乏创新意识上，而是败在总是自作聪明，不自觉地违反一些常识。

例如，农夫汽茶这一打算进入碳酸饮料品类的新产品，其广告大多数人都还有记忆：讲的是一个佝偻着身子卖茶的老太太，只是因为喝了口农夫汽茶，竟然充满活力地将打劫的匪徒"吹"上了天。然而这个广告究竟传递了什么产品特质呢？——汽足。

汽足是碳酸饮料的利益点吗？对碳酸饮料消费者改换品牌有驱动力吗？显然，农夫山泉仅仅考虑了广告的关注度、记忆度，却没有对消费者品牌转换的理由做出理性的判断。

到了尖叫、苏打红茶等产品，注重广告的眼球效应、忽略产品利益点的倾向依然未变。2011 年的东方树叶，是农夫山泉在汽茶、农夫茶、苏打红茶三败后，再次进军茶饮料品类。这次的胜算如何呢？

东方树叶又是一个因农夫山泉"创意过度"而夭折或不死不活的产品。

原因有二：其一，东方树叶采用的舶来品概念，是自己给自己挖了个"品类陷阱"。

东方树叶完全违背了中国作为饮茶大国的认知惯性，这就意味着其不是在早已具备的"茶饮品"心智里去创建品牌，而是想要开发一个从未有过的心智，这简直是痴人说梦。东方树叶的产品从概念到包装，再到打广告，全部渲染这种舶来品的感觉，让一直以来的茶饮料消费者感到茫然不知所措。

东方树叶作为一个零售定价 4 元/瓶的普通饮料，与高端无关，更不可能作为贵族饮料。舶来品很明显是个概念噱头，这种自作聪明的产品反而很难令人信服。

其二，农夫山泉始终没有把握住中国茶饮料的本质。

中国的茶饮料市场分为偏茶和偏饮料这两大品类。日本主要生产偏茶品类，如麒麟的"黑乌龙茶"、金士力的"普洱茶"以及澜沧江的"原生茶"等，为了寻求纯茶的口感，甚至在原料上采取原叶泡制的方法，无糖或低糖，售价相对普通茶饮料来说较高一些，4元/瓶以上很正常。偏饮料品类有冰红茶、冰绿茶以及麦茶等，口味偏甜，茶味清淡，事实上是用茶香精勾兑的，售价普遍在3元/瓶以下。

中国的茶饮料市场，偏饮料品类占据绝大多数，说明消费者对茶饮料的核心需求不是现泡茶的替代物，而是一个口味有差异的解渴饮料。东方树叶站在哪个阵营呢？显然是想打着纯茶的概念，卖茶饮料。想法不错，但做法可以说完全错误。

看看竞争品牌是怎样玩茶概念的：雀巢创制出"原叶"冰红茶，统一做了"茶的回甘，就像现泡"的绿茶、乌龙茶、龙眼乌龙茶等，康师傅的"油切麦茶"主要是"解腻"。这些诉求，全部是在中国消费者对茶的认知里找寻立足点。

正如农夫山泉推出的东方树叶单品这样一个在策略上出错的产品，哪怕推广活动投入再大、执行力再强，也无法挽回最终被消费者抛弃的结局，无脑及脑残产品，无论什么企业去做，结局都是失败。实力大的企业可能多支撑一段时间——不过是苟延残喘，不如早死早解脱；实力弱小的企业，每年换一茬，绝大多数甚至坚持不到一年就覆没。

假若非要说这是企业的创新或是大胆实践，那么，中国营销界还真得感谢这些拿着巨额财产去做病理学样本的企业。假若企业希望提高产品的成功率，尤其是想要创造如王老吉、营养快线、养元六个核桃等大规模、可持续发展的大品种，就有必要掌握"策略性产品"研发的方法和规则。

过去的企业生产有这样一句话："不放过任何一个质量有瑕疵的产品。"那么，企业还需记住这句更重要的话："对于无脑及脑残产品，绝对不要投放到市场里去。"因为后者造成的损失要远远大于质量瑕疵产品造成的损失。

因此，企业如果想要减少脑残产品，有必要让产品战略化，打造属于自己的大单品。

大单品是企业的核心驱动力

大单品的运营成功，让所有行业领导型企业都能够活得很好，不但领先市场，而且利润丰厚。可以说大单品是企业的核心驱动力，如图1-2所示。

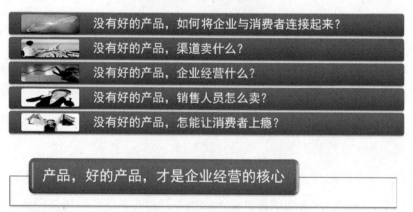

图1-2 大单品是企业经营的驱动力

据统计，世界 500 强企业中，单项产品销售额占总销售额 95％以上的有 140 家，占 28％；主导产品销售额占总销售额 70％～95％的有 194 家，占 38.8％；相关产品销售额占总销售额 70％的有 146 家，占 29.2％；而无关联多元化的企业则凤毛麟角。

一个真正有作为的企业，在大单品的选择和判定上，一定是下过苦功的，它需要对市场和消费者有着充分的把握，需要对自己的优势和竞品的弱点有着透彻的了解。

国内冷饮从零散经营的 3000 多个小品牌的纷争变为数十家冷饮巨头间的实力抗衡。由哈根达斯、和路雪、雀巢以及八喜等构成的国际品牌阵营，以其独特的口味、精准的市场定位以及良好的营销模式牢牢把控着国内高端冰淇淋市场，然而与本土消费的对接度有所偏差，其昂贵的价格也令大多数普通消费者望而却步。由蒙牛和伊利等构成的本土全国性品牌阵营以其品牌、原料优势、渠道这三大优势占据国内中端冰淇淋市场，不过乳品安全事件让蒙牛、伊利品牌的形象遭到损坏，以至于牵连到冰淇淋事业板块。因此，本土冰淇淋品牌正迎接新一轮的行业洗牌。以宏宝莱、天冰和五羊为代表的区域化品牌阵营，占据产品种类多，拥有适合普通消费者的绝佳优势，不过它们也面临着因产品陈旧、缺乏特色以及营销模式古板而被淘汰出局的危险。

如今，很多地方的冰淇淋企业每年跑马灯似地推出新品，却每年都出现青黄不接的现象。例如，河南天冰推出的草莓沙拉冰淇淋，失败；蓝莓小神童蛋筒冰淇淋，失败；3 元的芒果冰筒，失败；就是 2 元的蜜呀脆筒也同样失败。天冰之所以从当年的知名冰淇淋品牌沦落为屈居于后来者伊利、蒙牛之后的第三阵营——普通冰淇淋品牌，最主要的原因是它尽管有很多新品却没有一款足以凌驾于其他产品的大单品。不仅是天冰，据有关调查发现，这也是绝大多数冰淇淋行业的一大通病。

时至今日，中国的大多数企业在经营过程中仍然有"广撒网、多捞鱼"的心态，开发新产品时因为缺乏明确的目标性与全局性而致使新产品在市场上销路不畅，导致积压的事件时有发生，结果造成了非常大的人力、物力和财力的浪费，甚至将整个企业拖入泥沼。这是一种极为可怕的思维模式。

其实，新产品的开发并非是越多越好，最主要是要先声夺人，出奇制胜，不断推出新的体制、新的市场，甚至是压倒竞争对手的新形势，只有这样，企业才能立于不败之地。

所以，只有大单品才能让企业真正集中资源，将新品市场做透做深，从而支持企业发展的战略目标！像和路雪，其产品并不多，但一个可爱多蛋筒冰淇淋系列加一个梦龙系列，凭借准确的市场定位、合理的产品定位及先进的市场运作理念，自投放市场以来就一直保持着冰淇淋产品销售的领先地位。它从区域做到全国，不断成功，一举攻下了国内高端冰淇淋市场，成为今天冰淇淋市场中的"新科状元"。

我们不要认为蒙牛、伊利、和路雪等的成功是因为大广告、大投入，而应该清晰地认识到这个行业的竞争本质：只有更专注的战略、更专注的产品、更专注的营销，才能让冰淇淋企业发展得更好。

大单品具有历久弥新的魅力。但大多数企业还没有找到自己的大单品，没有一款可以使企业持续保持较高利润的新品，其产品同质化严重，品类缺乏创新，一味跟风模仿，让它们很难在竞争中脱颖而出。对于二三线品牌来说，大单品的意义不言而喻。对于一线品牌来说，也不是一款战略产品就能永保江山。一线品牌须用大单品刷新品牌内涵，避免品牌老化。

只有看清行业发展本质，将产品摆上战略高度，看清楚战略型产品对于企业的意义，真正重视产品，并找到正确运作的方法和路径，才是正途。

市场黑马的杀手锏：战略大单品

人人都知道品牌对销售的积极作用，为何别人注册了商标，我也注册了商标，但是别人的产品卖得快、卖得好、卖得贵，我的品牌就不见起色呢？哪些方面对销售具有立竿见影的积极作用？相信这几点让大多数企业家都百思不得其解。

很多企业受到原材料涨价、人工成本上升等原因的影响，正面临着发展困境。不少大型企业都为此愁眉不展，那些实力相对弱小的中小企业面临的形势就更加严峻了。

很多企业都懂得提高品牌知名度的重要性，然而投入大量的广告费用，市场却不买账；很多企业也知道推出的产品要以消费者的需求为导向，然而结果却是仓库里堆满了产品，可就是卖不出去。

企业负责人总是雄心壮志、指点江山亦或是跑马圈地式地做市场，结果是开发了一个又一个市场，却都成了"夹生饭"，做得不温不火。一些企业推出了几十个甚至几百个单品，销量还是不见起色。

企业不乏销售精英，可企业的整体销量仍然在下滑。

老板们一致的结论是，同业之间竞争日益加剧，市场的竞争正在不断升级和恶化。

王老吉，在沉睡了180年之后，进入21世纪，猛然发力，创造了一个单品年销售170亿元的市场神话，在中国市场第一次超过可口可乐的销量。

加多宝在运营王老吉之前，做过水和茶饮料。直到聚焦王老吉这个单品，才出现销售奇迹。加多宝交出王老吉的使用权后，以再造奇迹的气魄强力推出自己的凉茶品牌。

在冷饮行业，伊利通过"四个圈"雪糕单品种突破，当年成功超越了老大和路雪。

在化妆品行业，好迪凭借着啫喱水的单品类运作，如今也成为家喻户晓的品牌；曾红遍大江南北的白大夫，祛斑单品、祛斑组合盛极一时；弹走鱼尾纹的弹力素，带动丸美品牌快速崛起；网络热销的御泥坊面膜，更是依托单品优势而成功的正面案例；相宜本草也依靠面膜大单品而取得成功。

在白酒行业，衡水老白干凭借淡雅系列的突破，成功实现了区域为王。

这些品牌，在看似利润削平如薄纸的环境下，却创造了高利润。

回顾一下本土企业的成功进化史，可以发现，企业成功的相似基因就是依靠单品突破。不管是宝宝金水还是满婷，不管是大宝还是舒蕾，最初的成功，都是依靠单品突破，哪怕是霸王、美的等近期上市企业，也全部是以单品突破来成就伟业。

综观如今的大多数市场黑马，极少有全线推进的营销手段，而大多是集中优势兵力打造其看家产品，直到将市场撕开一个缺口后，才会跟进其他产品。

市场黑马，不是依靠群狼效应制胜，而是先集中推出某一单品，逐渐带动系列产品的营销，最后带动整个品牌的营销。这种单品不仅是与竞争对手比更富有竞争力，也一定在公司里卖得最好、盈利最高、给公司创造了更多业绩。我们将这种高效单品叫作大单品。

有人问李嘉诚，他的企业连续几十年屹立不倒的经验是什么。他说："无论做多大投资，你都不能丢掉你的看家产品。"李嘉诚的看家产品就是我们说的大单品，它是产品中的佼佼者，是产品或品牌的根基，或者是企业特有的、别人很难超越的产品。

大单品与企业战略规划相符合，具有持续的发展潜力，并可以让企业赢得巨大利润。能够在未来 3~5 年，为企业贡献绝大部分利润与较大销售份额，具有长远的战略意义，甚至影响整个企业的命运。

对绝大多数企业来说，大单品不仅是利润的增长点，而且对提升自身品牌起着极为关键的作用。

以大单品为核心的品牌经营

一个演员，积累多年，想要从演员发展成为明星，一定需要以某部戏中的精彩表演作为爆发点。

王宝强本来是北漂一员，直到参演《天下无贼》，一夜蹿红，从此一跃成为电影票房保障。

姚晨于北影毕业后，本来是"失业一族"，无戏可演，直到凭借《武林外传》中的郭芙蓉一角，一炮走红，从此成为一线明星。

黄渤在进入电影圈之前，是歌厅驻唱的歌手，在全国各地演出。2006 年黄渤凭借《疯狂的石头》而走红，从此一发而不可收，成为"影帝"。

一个歌手，积累多年，要从歌手发展成为歌星，也一定需要以某首单曲走红作为爆发点。

歌手韩红经历了太多的坎坷，直到凭借《天路》一举成名。

歌手李荣浩一直在幕后工作，2013 年靠原创歌曲《模特》，获得第 25 届金曲奖最佳新人奖。

周杰伦在出名之前，曾在酒吧弹钢琴。直到《Jay》问世，让他迅速成为华语流行歌手的代表。

与演员和歌手的成功相类似，一个企业，要从默默无闻发展成为一个知名的企业，或者从困境脱身从而扭转市场的不利局面，一定需要一次战略大单品的爆发作为引爆点。

蒙牛的特仑苏，光明的莫斯利安，康师傅的红烧牛肉面，娃哈哈的营养快线，大白兔奶糖，阿尔卑斯硬奶糖，汇源100%橙汁……所有的这些产品，都是各自品牌的战略大单品。这些品牌之所以能够在市场上超越对手的品牌、叱咤风云，都是因为它们拥有了自己的核武器——战略大单品。

所有品牌都是以战略大单品为依托的。没有强势大单品，就谈不上强势品牌。

按照二八原理，80%的利润来自20%的产品。这个20%，就是指大单品。

品牌的成功，需要一个基础，这个基础，就是战略大单品。一个品牌，只要有一个大单品，品牌就创建成功了。产品与品牌之间的关系是这样的：品类创新产品—战略大单品—品牌。

品牌运营的核心，战略单品为王。战略单品的经营，贯穿品牌运营的始终。

强势品牌的创建，开始于市场机会的发现，起步于战略单品品类创新，发展于战略大单品的培育和爆发，结束于大单品的持续创新与附加价值的持续丰富。

品牌从诞生到创建成功的整个进程，是从发现机会开始，从战略单品创新起步，然后综合运用多种营销工具做大战略单品、引爆战略单品并使得战略单品长寿化的过程。这个过程的第一步，发现市场机会；第二步，通过品类创新，战略单品诞生；第三步，竭力引爆战略大单品，让以战略大单品为核心的品牌成为品类的代表；第四步，战略单品成功地成为大单品之后，再持续进行大单品创新和增加附加价值，最终使品牌成为长寿品牌。

因此，一个百年长寿品牌的产生，其基本路径是这样的：品类创新产品—战略单品—做大战略单品—引爆战略大单品—成为品类代表性品牌—战略大单品持续创新—百年品牌。

从产品推销模式到战略大单品模式

就目前情况而言，中国绝大部分企业还停留在"产品推销"阶段，还远远没有进入真正的品牌经营阶段，即没有进入"战略大单品"经营阶段。

所谓"产品推销模式"，其本质特征是从企业自身资源和产品出发，建立起以产品推销为主、以品牌创建为辅、以直接考核销量为考核重点的营销体系。

"产品推销模式"有以下四大弊端：

第一，低价产品为主，以量取胜，忽略了战略单品。

采用"产品推销模式"的企业，在产品和价格方面，多半侧重于以低价产品为主导，以中低定价的产品为主，在中低定价的基础上，依靠产品的物美价廉、薄利多销，实现销量的增长，而不是依靠品牌的战略单品和额外的附加价值来获取更高利润。

这种以产品薄利多销为中心的模式，追求的是更大的市场份额和更大的销量，是一种短视的经营模式，它是以牺牲企业可得利润为前提的。对市场份额的努力追求和客户力量的增强，使得中国企业的经营活动利润不断下降，甚至使得整个行业的利润下降，整个行业集体陷入无利润区。当今中国，越来越多的无利润区不断产生。

中国企业以往的成功，基本都是建立在"低成本竞争"这一法宝上。从本质上讲，这种模式在以产品为中心时代是一种竞争规则。

大多中国企业和中国行业已经进入低利润的竞争阶段，这就预示着，以往的那种以产品为中心的商业规则正在被新的游戏规则所取代，这种新的游戏规则就是品牌时代的"战略单品运营模式"。也就是说经济环境将要从旧的以产品为中心、重视市场份额和市场规模转向新的、以品牌附加价值和战略单品为中心。

品牌战略者追求的取胜策略不是依靠低价格制胜，而是从价格转移到价值，从产品推销转移到战略单品运营，进入价值链高端，为顾客创造更多价值。

第二，忽略品牌的附加价值。

采用"产品推销模式"的企业，由于强调产品的薄利多销，所以，在品牌卖点诉求方面，往往不注重品牌附加价值的打造、不注重品牌形象和精神利益的挖掘，而更多地将注意力集中在产品的基本功能层面。与此同时，也不会做大范围的品牌传播，仅依靠产品本身的"产品力"来实现销售。

所谓"产品力"，就是指产品吸引力。"产品力"是有限的，是容易被模仿的，产品的同质化会逐步稀释掉企业的"产品力"，最终让企业陷入产品卖点同化、产品力同化、产品价格越来越低的恶性循环中。

第三，受制于经销商。

"产品推销模式"，其最大的弊端就是做不到让消费者指牌购买，而更多地依靠在批发流通渠道的广泛铺货、依靠渠道中的人为推销来完成销售。

依靠渠道的人为推销，就会让企业受制于经销渠道。因为按照价值定律，谁更接近消费者、掌控消费者，谁就能在价值链中更具有话语权。产品推销模式的企业，不能直接接触消费者，其销量是依靠经销商向消费者推销，依靠经销商自身在区域内的渠道资源来实现的。因此，经销商掌握着企业的命脉，企业丧失了话语权，受制于经销渠道就是再正常不过的了。

第四，轻视终端管理。

采用"产品推销模式"的企业，表现在营销管理层面，就是以销量设定奖励机制，企业的绩效体系完全受销量的影响。

直接考核销量，企业本来的目的是全力提升销量，但是，结果往往是事与愿违，销量并不能有效地提升。

与"产品推销模式"相反，"战略单品运营模式"具有以下两大明显的优势。

第一，以品牌和战略单品为双核心。

企业从"倾向产品推销的营销管理模式"到"强调品牌运营的管理模式"的转型，在产品层面，侧重于中高定价的战略单品，以质取胜；在品牌层面，则侧重于品牌附加价值的塑造，强调品牌传播，实现消费者指牌购买。这就是"以品牌和战略单品为双核心"的运营模式。

销售中高定价的战略单品，企业利润就有了保障，产品持续创新所需的研发费用也有了保障。

实现了指牌购买，既能保证销量的持续增长，又能使企业在价值链中拥有品牌这个战略控制手段，拥有话语权，企业不但不再受制于渠道，反而可以利用品牌去号令渠道。

第二，管理考核终端从而提升销量。

采用"战略单品运营模式"的企业，在渠道和终端层面，强调对经销渠道的管控，并在建立渠道管控体系的基础上，改变绩效考核方式，不仅注重销量的考核，更注重对运营过程的考核。

销量是直接的结果，考核与销量挂钩，销售越多，薪资越多。运营是间接的结果，对销量提升起着促进作用。

终端销量要实现提升，必须做好终端的运营管理，包括做好终端形象、终端陈列、终端导购、终端促销、售后服务等工作。

因此，围绕终端，以终端创建为中心，创建合理的营销管理机制，将人、财、物合理地调动起来，并建立有效的营销支持流程；将产品、品牌、渠道、服务更充分地结合起来，统一运作；在此基础上，将终端管理内容，如形象管理、陈列管理、导购管理、促销管理纳入绩效考核内容，通过管理考核终端形式提升销量，这就是"管理考核终端提升销量"的思维模式。

【大单品例证】

苹果何以横行世界

1997 年乔布斯回归苹果时，苹果的股价徘徊在 5 美元/股左右，在乔布斯回归之后的 13 年内，苹果的股价涨了 70 倍。是什么造就了苹果的辉煌？苹果的盈利利器是什么？当然是不断创新的让用户尖叫的产品，如图 1 - 3 所示。但是，在推出产品的过程中，苹果坚持的是什么？其产品的核心要素又有哪些？

1. 以产品为核心的企业战略

苹果的辉煌，是从 2001 年推出 iPod 播放器开始的，iPod 外观流畅简洁，

图 1-3　苹果及其产品

一经推出便风靡全球，迅速成为时尚的象征。2007 年，苹果推出 iPhone，智能手机市场的原有格局被完全瓦解。苹果迅速崛起的背后，是其以产品为核心的企业战略。

回顾乔布斯 1997 年重返苹果并重整企业战略后所推出的 iMac、iPod、iPhone、iPad 产品，这些产品支撑了苹果的重新崛起，缔造了苹果神话，成功地颠覆了 PC、音乐、手机行业的市场格局。同时，随着产品相继被推向市场，乔布斯成功地打造了苹果的品牌形象：设计、科技、创造力和高端的时尚文化，成为全球业界、消费者关注的热点。

2. 用户体验至上

从消费者角度而言，用户体验至上意味着既要充分考虑顾客的需求，又要考虑顾客的承受能力。苹果早期的产品，如丽萨（Lisa）电脑，是世界上首款采用图形用户界面和鼠标的个人电脑（远远早于微软公司 Windows 系统的出现）。虽然丽萨电脑在技术上全面领先 IBM 兼容机，用户不必用键盘敲入命令，还可以同时运行几个程序，但由于其与 IBM 兼容机不兼容，甚至不兼容苹果 II，且售价高达 1 万美元，所以苹果很快放弃了该产品。

自 2001 年起，从 iPod 到 iPod Touch，从 iPhone 到 iPhone 7，从 iPad 到 iPad Air 2，苹果每一次产品升级，都大大提升了消费者的用户体验。甚至在上一代 iPod Touch、iPhone、iPad 还在热销之际，苹果已经在不断研发并连续推出新一代产品。作为一家高科技公司，苹果始终坚持不变的是产品创新。作为一家电子消费品企业，苹果始终坚持的是满足消费者的体验需求，不断推出能更好满足消费者体验的产品。

3. 另类的代表

卓越的产品设计成就了苹果产品"另类、品位、时尚"的文化符号。iMac 电脑以半透明、果冻般圆润的蓝色机身重新定义了个人电脑的外貌，打破了原有电脑枯燥乏味的米黄色盒子的呆板模式，并迅速成为一种时尚象征。而风格极简、纯白的 iPod，在充斥着各种颜色的数字家电市场中特立独行。可以这样形容苹果的设计：简洁、纯净、空灵。就如现在的 iPhone，只有一个巨大的屏幕和唯一的一个按键，比 iPod 还要简单干净。乔布斯追求产品完美细节的激情使其被媒体形容为"魔鬼型的完美主义者"，正因为他的执着，追求另类并精益求精，苹果产品才会有众多的追随者。

4. 占据消费者心智

商业的发展推动了产品的极大丰富、产品数量的急剧增加。消费者面对成千上万的新产品，心智疲于应付。媒介大量增加，尤其是互联网的出现使消费者接受的信息量日益加大，传播环境日趋复杂，信息干扰程度也呈现加剧的趋势，进入"消费者心智"已经成为现代竞争的关键。此阶段的口号为

"得人心者得天下"。

　　苹果产品已经在消费者心目中有了一个鲜明的印记，那就是：优越的性能、极致的外形和完美的设计，苹果产品意味着特立独行，意味着"酷"的工业设计，意味着时尚。乔布斯的每一次创新，都力图让产品符合消费者心目中的苹果文化印记，几乎每款产品都让消费者欣喜若狂：这就是苹果！如果说，可口可乐在消费者心智的可乐阶梯上占据首位并因此代表美国价值，那么乔布斯也做到了让苹果在创新产品和创造文化上占据了首位，占据了消费者的心智。

就是任性，细看小米

　　说起小米手机，就不得不提到它的母公司——小米科技公司。小米科技公司成立于 2010 年 4 月，专注于苹果、安卓等新一代智能手机的软件开发，米聊、MIUI、小米手机是小米科技公司的三大核心产品，如图 1 - 4 所示。

图 1 - 4　战略大单品——任性的小米

小米手机是小米科技公司旗下一系列智能手机的统称，最早一款发售于2011年8月。从2011年8月16日起的4年里，小米共发布了多款新机型，2015年，小米董事长雷军公布：小米2014年共销售了6112万台手机，同比增长227%。

小米手机成功跻身国内手机一线品牌，将华为、中兴等国产品牌远远甩在身后。小米手机在短时间内取得如此骄人的成绩，背后的原因到底是什么？小米的盈利利器是什么？其产品背后的核心要素又有哪些？

1. 战略目标

首先，从战略布局和营销策略上，小米完全是在学习苹果的模式：以产品为核心打造企业战略，通过核心产品构建商业模式和顾客基础，建立品牌影响力，苹果靠的是"iPod + iTunes"，小米用"智能手机 + 小米网"；然后围绕着相关领域延伸产品线，为顾客生活方式提供整体解决方案，苹果是iPad、iPhone、iWatch等，小米是盒子、路由器等。这些产品之间具有一致化和一体化的特征，都是行业的颠覆者形象，而且彼此是互联互通的。在这个过程中，企业与顾客的关系不断深化，形成粉丝的高忠诚度，进而持续购买和推荐购买。

其次，在战略层面上，小米科技公司对小米手机的市场定位非常明确，就是面向普通消费者开发高性价比的发烧终端。众所周知，手机有入门机、中端机、高端机之分，定位不同，价格也不一样，手机设计和功能自然也不相同。目前市面上绝大多数手机都定位于普通消费者，针对初级手机用户（仅用于打电话、发短信、上网、聊天、看电影、玩小游戏的用户）。高端玩家对手机配置要求极高，喜欢流畅的操作体验、刷机、玩3D游戏、观看高清电影，很多国际一线厂商都注重高端手机的开发。但是，高端机动辄四五千元的售价让很多爱机人士望而却步，小米手机凭借着超高配置和中等价格迅速俘获了消费者的心，并迅速占领了市场。

2. 新品类的代表

小米手机诞生那年，正是苹果风头正劲、三星奋起直追、诺基亚节节败退、其他品牌摩拳擦掌的时候。手机领域绝对是不折不扣的红海，仅一线品牌就有数十个，小米手机凭什么能够脱颖而出？第一个切入点就是品类。当时，智能手机已经完成了初步普及，成为人们熟知的手机品类。作为后进入的品牌，小米开创了新品类，重点强调"互联网手机"这个概念。小米的LOGO 是"MI"，是 Mobile Internet 的缩写，代表小米是一家移动互联网公司。同时，小米为了强化其"互联网手机"的定位，开展了深度聚焦。

首先，借鉴苹果的成功，小米同样聚焦单一产品，只做一款手机，而且是不计成本地做最好的产品。小米基本上都采用苹果的供应商，譬如，它是第一个采用高通 4 核 1.5GB 芯片的手机。只做单一手机，用雷军的话讲，"互联网就是一种观念"，"少就是多，大道至简"，从品牌定位的角度来讲，越聚焦、越简单，品牌越容易进入顾客的心智，成为某一品类的代名词。

其次，小米把营销和渠道都放在互联网上，开创了互联网手机销售模式，通过模式的创新来改变传统手机的成本结构，以达到最高的性价比，由此，小米也成为互联网手机的代名词。

3. 消费者需求至上

消费者参与生产是小米的一大特点，因为在互联网时代，消费者就是生产者，消费者不仅希望参与产品购买体验和分享环节，也希望介入生产环节。为此，小米通过社区让消费者参与到生产环节当中，每天都有大量粉丝集结在小米社区，并在上面"吐槽"，而这些成为小米发现痛点的关键。

小米的 MIUI 就是与消费者共创的，超过 60 万"米粉"参与了小米 MIUI 操作系统的设计和开发，MIUI 每周的更新，就是小米与"米粉"碰撞的结晶。值得一提的是，小米有自己的操作系统，所以它可以用反复迭代的方式完善功能、性能，而最主要的是 MIUI 系统发布的大量升级补丁其实都是通过"骨灰级"用户协助完善的，甚至其 20 多个国家的语言翻译也是由用户协助完成的。这在国内乃至国际都很难想象。利用开发平台，充分信任用户的自发性和自觉性，激发用户参与，从满足消费者需求的角度来说，这是一种理念上的颠覆。

4. 抢占心智

小米进入手机市场时其定义就是"发烧友手机"，过去只有极客才会去刻意追求的体验，小米将其完善并喊出口号，以此迅速占领消费者的心智。对消费者使用产品时各种看似多余的细节进行改进，在传统企业看来，都是一些画蛇添足的事情，但是小米却引导消费者来关注它、完善它。小米的产品并没有达到颠覆的境界，但是却依靠细节的微创新，真正激发了消费者的欲望，成为消费者的关注点。同时，小米利用互联网增加品牌的知名度。众所周知，小米的营销主要靠互联网，靠社会化媒体和自媒体，而小米在应用这些媒体的时候，非常善于制造故事和噱头，无论是雷军被刻画成"雷布斯"，还是小米的各种新闻，小米将这些故事成功地通过自媒体扩散进入公共媒体，成为人们谈论的对象和话题，让品牌本身带来时尚感和流行度，进而成功占领人们的心智。

5. 迭代创新

小米之所以这么火，不仅是因为它的产品物美价廉，性价比高，更多地在于它的产品研发速度。小米从发布至今已经发行了很多款，从小米 1 到现在的小米 4C，分别有如下型号：小米 1，小米 1S，小米 2，小米 2S，小米 2A，小米 3，小米 4，小米 4i（海外版），小米 NOTE，小米 NOTE 顶配版，还有 2015 年 9 月发布的小米 4C。

雷军是小米最大的产品经理，他带领小米的风格就是：在一线紧盯产品。如果确定一个需求点是用户的痛点，就死磕下去，不断进行迭代创新。

第二章 大单品何以横扫千军

　　每一个成功品牌的背后，都有一个强势的大单品和一套大单品突破的营销战法！在相对成熟的行业，企业之所以强，先强在产品上，企业之所以弱，先弱在产品上。所以，大单品，也只有大单品，才能横扫千军突破市场，成为最佳产品。

大单品热潮来袭

　　大单品战略之所以成为业界关注的焦点，与行业内、行业外诸多成功案例息息相关。而部分专家对大单品战略的推崇，也使其成为企业在品牌战略方面最受瞩目的选择。

　　在最为新潮的手机行业，苹果的战略选择与三星的战略选择常被拿来比较，用以说明这两种战略的异同。

　　苹果无疑是大单品战略的最典型代表——其一年发布一款或两款主打产品的模式，成功使消费者的关注点聚焦于此，每一次发布会，都让业界与消费者对苹果新机的配置、性能、功能、系统等信息分外关注。

而三星则是多品系的代表，除了备受关注的高端产品之外，还涵盖了中低端领域，每年推出的品系数量，是苹果的数倍之多，三星在手机领域同样成功。

"苹果与三星有不同的战略选择。"一个是大单品战略，另一个则是多品系战略，在一定时期内，两者同样成功——三星在市场占有率、销售量上占优，而苹果虽然在市场占有率上不及三星，但在利润率上却远超对方。

而到了2015年，三星在市场上的颓势渐渐显露，与苹果的如日中天形成鲜明对比，这让诸多崇奉大单品战略的人士找到了现实依据。对此，李峰认为苹果基于良好的软硬件融合系统，一直坚持精品路线，其产品虽好，但是定价颇高，利润率自然远超过被中低端品系拖累的三星。

在酒类市场之中，依靠大单品成功的也不乏其例，最为典型的当属洋河。从2003年洋河蓝色经典问世之后，海之蓝销量一路攀升，年年创新高。2011年，海之蓝即实现了50亿元的年销量，成为当时最畅销的大单品。尽管2014年以来，大众白酒市场的竞争异常激烈，但海之蓝的销售情况却处于同行业领先地位，在江苏、河南、安徽、山东、河北等市场，海之蓝是百元价位段销量最大的"超级大单品"，请客送礼人们首选海之蓝，几乎成了生活的标配，有的地方甚至出现了断货现象。可以说，洋河的崛起与大单品战略密不可分。

"那些奉行大单品战略的企业，都有着精专的追求。"有业界人士分析称，无论是手机行业的苹果，还是饮料行业的加多宝，或者白酒行业的某些品牌，都有着做精做专的极致追求。较为单一化的生产线即可创造庞大的销售额。

大单品战略的影子似乎无处不在，这也导致诸多企业修正战略、朝着大单品的方向急转。

产品力，就是销售力

俗话说，万丈高楼平地起。无论多高的楼房，都要打好地基。企业竞争靠的是品牌，但是要实现品牌化这一战略目标，企业必须以优质的产品为基石。

有了好的产品才能赢得客户的认可，有了好的产品质量才有好的信誉，有了好的信誉才有好的发展，有了好的发展才有好的效益，有了好的效益才有好的生活，有了好的生活才有好的工作动力，有了好的工作动力才有好的产品，这就是良性循环的过程。然而，我们也经常看到，在市场竞争中，一些品牌和企业，包括红极一时的"标王"品牌，正是因为产品出了问题，特别是产品质量出了问题，才栽了跟头，从此一蹶不振，甚至销声匿迹。东芝笔记本的小问题导致其在美国赔偿 10 亿美元；福特公司的凡士通轮胎问题，也使企业尝到巨额亏损的滋味；可口可乐一度在比利时和法国遭禁销；三鹿奶粉的"三聚氰胺"事件，使得有几十年历史的企业倒闭……都是产品质量使然。

产品是企业的生命，产品是企业健康发展的基石，是企业与代理商、经销商以及消费者沟通的桥梁。产品是一个至关重要的经济要素，通过产品与货币的交换赚取利润，承载着众多企业家的梦想。可见，产品是一个企业发展的命脉。企业是否有好的产品，产品能否适应市场的发展和需要，是决定企业能否持续发展的核心动力。产品不仅要适应市场，还要引领市场，企业要有超前意识，按市场发展趋势不断开发新产品。

　　企业所有的经营——战略、品牌、营销、渠道，都是围绕着产品或服务而展开的。"营销是毛，产品是皮"、"品牌是毛，产品是皮"，没有产品，企业的营销和品牌则"皮之不存，毛将焉附"。

　　企业的经营，其实就是为了满足需求而提供供给的过程。这个供给的核心就是供给产品。

　　没有好的产品，如何能将企业与消费者连接起来呢？

　　没有好的产品，企业品牌依附在哪里呢？

　　没有好的产品，渠道卖什么呢？

　　没有好的产品，企业经营什么呢？

　　产品，也只有产品，才是企业经营的核心。

　　改革开放30多年以来的实践证明，成功做大规模的企业，都是那些产品质量好、渠道运营好的企业，如娃哈哈、格兰仕、美的、海尔、农夫山泉、康师傅、伊利、安踏、美邦……"产品力就是销售力"，这些成功的企业之所以成功，都是因为高质量的产品。产品，是这些企业成长的最大驱动力。

　　"新产品不是万能的，但没有新产品是万万不能的。"每个企业都清楚，只有具备不断开发新产品的能力，才能创造出更多需求，才能使品牌具备强大的市场开拓力。

　　在这个制造能力越来越强大的时代，市场并不缺少产品：从需要精密技术的大型机械、高级电子产品，到需要漫长研发周期的药品，再到低技术的日常用品等，几乎每一个行业都有着无数同质化或类似同质化的产品在互相竞逐、比拼。而过剩的产品追逐有限的消费力、无序的竞争导致行业步入恶性循环，这是导致许多企业发展乏力的原因。

　　记住：一个以产品力创造销售力的时代已经到来。

赢家通吃的"马太效应"

所谓"马太效应"就是指强者愈强、弱者愈弱的一种现象。《圣经—马太福音》中有这么一句名言：凡有的，还要加给他，让他有余；没有的，连他所有的，也要夺过来。社会学家从中引申出"马太效应"的概念，主要用来描述社会生活领域中普遍存在的两极分化现象。简而言之，就是富人越富、穷人越穷。

品牌资本的"马太效应"是指，某个行业或产业的产品或服务，品牌知名度越高，品牌的价值越高，其忠实的消费者就越多，其占有的市场份额势必就越大。反之，某个行业或产业的产品或服务，品牌知名度越低，品牌的价值越低，其忠实的消费者就越少，其占有的市场份额势必就越小，导致利润减少，最终被市场淘汰。

事实上，在媒体传播中，一旦某种宣传导向占领先地位，将会有更多的人接受这种观念。因此，企业在进行品牌概念推广时，切记要先努力令自己的产品概念成为目标受众中的主流，接着你就可以坐享其成，因为如同"越富的人越富"一样，主流概念会逐渐成为主流。

例如拿 A 与 B 两种饮料进行口味测试，只要我们有意识地告知第五个人"前四个被测试者中的三个人都认为 A 饮料口味偏甜"，那么，第五个人就有 90% 的概率会认同他们的判断。

其实这种情况在现实生活中经常见到，如街头有两家卖白菜的摊位，你从他们中间走过，打算购买一棵白菜，这时你就会下意识地留意这两家摊位的动静。假如出现这样的场景:一家挤了很多人、熙熙攘攘,而另一家却冷冷清清、无人问津。不用说,你一定会自然而然地走向那家生意红火的摊位。这是因为你的心理在作怪:那家无人靠前,肯定不是一开始就这样,而是有人看过后不满意才走开的,结果导致生意冷淡。所以说,顾客或访问者越多,它的"加速度"才会越大。

有人会有这样的想法,一棵白菜自然犯不上做什么市场考察,很自然就会出现盲目性的跟风,使自己失去施展"火眼金睛"的机会。事实上,贵重的东西其销售结果也是同样的。这又是什么原因呢?很简单:我们将白菜换成白金,你考察过人多的,又去考察人少的,发现他们的东西没什么大的区别,或者一样,或者人少那家相比人多那家稍好,但是一看到那么多有"火眼金睛"的"上帝"都在光顾人多的一家,自己还没弄明白理由,身体已经把你领到人多的那家排队了。这就是"马太效应"。

"马太效应"对于领先者来说就是一种优势的累积,当你已经取得一定成功后,就更容易取得更大的成功。加多宝冠名《中国好声音》4 年,品牌资源的积累,不仅是华少口中经典的"看好声音,喝加多宝"。从一二线城市到三四线城市的全面覆盖,是饮料市场上的赢家通吃,品牌的无形资产转化为销量的有形资产,凉茶市场份额进一步向领先者集中,把"马太效应"的正向效果发挥到极致。

作为一个有几百亿市场的大单品,加多宝在营销策略上格外凸显一个与自身体量匹配的"大"字,一直坚持"大品牌、大平台、大事件"战略。在第四季《中国好声音》圆满收官之后,其"大营销"的动作并未停止,而是更上一层楼,从引领大众娱乐风潮升级为弘扬民族文化精神。

"马太效应"在品牌资本领域内是普遍存在的市场现象:强者恒强,弱者恒弱,或者说,赢家通吃。

大单品方便消费者做出购买决策

"消费者购买决策"是消费者谨慎地评价某一产品、品牌或服务的属性并选择、购买能满足某一特定需要产品的过程。

消费者购买决策受以下几方面影响：产品质量安全、消费者购买习惯、消费者收入水平、消费者年龄阶段、消费者家庭及周围亲戚朋友和社会消费文化、社会供给的制约、交通物流、门店消费环境、产品销售情况、售后因素等。

所以，消费者购买决策受多种因素的影响，任何一种因素都可能影响消费者是否购买产品或服务。

大单品可以方便消费者做出购买决策。例如，在超市里，佳洁士牙膏最畅销。"牙膏＝佳洁士"的意识一旦在消费者脑中形成，选择其他牙膏牌子的购买者就少了，这就是佳洁士销量最大，而其他牙膏销量较少的原因。

当我们把品牌做到客户找不到其他可替代的品牌时，我们的品牌就会产生光环效应，产品就会更加畅销。这就是加深头脑印象，持之以恒地重复做一些看似无关紧要的事情的原因。

当消费者迷失在超市货架时，当他们面对琳琅满目的商品无所适从时，面临的是决策的困惑，他们多么希望有一个标杆能让他们立刻判别出商品的优劣，因为他们没有那么多时间一一甄选商品。所以消费者愿意多花点时间思考的商品，你就可以多做些产品出来；反之，消费者不愿意多思考的商品，你最好还是拣紧要的——单品来做。消费者花费较多钱的商品适合多品战略，消费者花费较少钱的商品最好奉行单品战略。

　　消费者思考花的时间基本与消费的钱成正比。买汽车、买房子，甚至买衣服，你都愿意多花些时间，而买饮料你就不愿意花那么多时间。甚至有时我们为了加快购买这些便宜商品的效率，会自发地简化自己的购买决策，我们称之为"瞬间决策"。当我们打开冰柜，被满冰箱的饮料弄得眼花缭乱时，我们会说：拿瓶可乐吧！可口可乐的销量第一，就是利用了消费者面对许多商品时的"瞬间决策"。消费者只需要 2 秒就要做出决策，最好别弄那么多商品让消费者眼晕心烦，直接明快点——大单品。别做出不同口味的系列饮料，美其名曰满足不同口味喜好的消费者的选择，一个口味就行啦！喜欢就马上付钱，不喜欢拉倒。其实消费者不知道自己喜欢什么，你坚决而自信地推出一个大单品，他慢慢就会接受了！

　　大单品方便顾客做出购买决策。一般情况下，消费者在购买产品的时候，往往会经历问题认知、信息收集、可供选择方案的评价、购买决策以及购后行为这五个阶段。

　　大单品的质量出众、品类代表特征明显，很多时候，大单品就是品牌的主销产品，是品牌的立足根基，有时候就代表着品牌。

　　消费者在购物的时候，如果指名购买某品牌，他买得最多的往往就是大单品；而当消费者想起该品牌的时候，其脑海里浮现出来的常常就是能够代表该品牌的大单品。所以，有了大单品，品牌就能够更快地被消费者所选择，从而方便消费者做出购买决策。

　　在充分竞争的阶段，消费者趋向选择大品牌。一个企业，只有有重点地向消费者推荐产品，其产品才能够被消费者记住。所以要重点介绍一个单品，而这些推荐的单品既要赢得消费者的选择，还要不失身价。

　　所以这个时候，你就明白"大单品"的意义所在了——看花了眼怎么办？干脆买那个最容易识别的、大家经常买的商品，反正不会错，既节约了时间，又降低了决策的风险。

消费者对生活质量的要求越来越高，对产品的质量也提出了更高的要求，对大单品的需求同样越来越高。随着人们的收入水平逐渐提高，在客观上，消费者能够支付得起高质量、高价格的产品。而大单品往往代表了高质量，是消费者追捧的产品，虽然价格或许会高一些，但是人们更注重的是产品的质量、性能能不能体现自身的档次或身份等，对价格已经不那么敏感了。

需求空白点成就大单品

中国绝大多数企业的崛起，其基本特征都是典型的依靠品类崛起。而这个品类崛起就是来自发现消费需求的空白点。

一个需求空白点，可以创造一个大单品。家电、饮料、休闲食品、电脑、保健品、服装、牛奶等中国众多先行行业的发展经验早已表明，哪怕只是依靠满足消费者需求的空白或品类创新，也可以创造出大单品的奇迹。换句话说，中国现今在各行各业首屈一指的大品牌，几乎全是依托于品类创新才奠定其市场地位的。

大单品，并非战术性产品、产品升级或产品的微创新，而属于革命性产品，属于创造新品类的产品。

品类代表的是一个新的市场需求或者一个新行业；大单品，指的是实实在在的产品，也是领先新市场的工具。大单品的创造，假如能够在整体市场中开辟出新的"品类"或新的"市场"，那么，这一大单品就属于创造新品类的产品。

大单品，在大多数情况下，是在品类创新下产生的。品类创新一旦落实到产品上，就表示创造出了大单品。只有大单品先创造出来，品类才算被开创出来。换句话说，没有大单品的成功，就不会有品类的真正成功，更不会有品牌的成功。

例如康师傅推出的红烧牛肉面，娃哈哈推出的营养快线，今麦郎推出的弹面，蒙牛推出的酸酸乳，都属于大单品，全是发现了一个市场空白需求，才创造出一个品类。

不管你是一个弱势品牌的负责人，还是一个有志于创建大单品的企业负责人，我们都需要有洞察空白点的眼光。只有寻找到一个空白市场，或者找到一个因为需求升级而无法满足消费者的市场，再或者只有找到一个竞争对手力量薄弱甚至空白的市场，之后在这些空白市场或需求不能被满足的市场，创建起自己的大单品，企业才有可能重新焕发生机。

这种需求空白点，主要分为两个方向：

其一，是空白的行业、新的行业或者不成熟的行业。

中国市场的特色，同时也是中国市场的最可爱之处，就是很多行业还没有完全成熟，还存在很多市场空白点。每一个市场空白点都是一个市场机会，都孕育着一个或多个大单品苗壮成长的可能。所以，我们要有洞察需求的眼光，发现机会，发现新需求。

第一，是新行业的空白点。新行业的空白点有两种可能，一种可能是这个行业以前没有出现过，是一个全新的行业或产品品类，如有机农业、太阳能行业等；另一种可能就是虽然这个行业已经存在，但是却没有任何一个品牌率先来主打这个门类，也可以算是新行业，如泰昌所在的足浴盆行业。

第二，是消费者需求空白点。中国市场上，还有一些消费者需求没有被满足，这样的需求空白点也是机会。近几年出现的智能手机、平板电脑、移动互联网、木糖醇等，都是因为发现了消费者新的需求，所以才卖得大火特火。

其二，从成熟市场中切分出新需求空白点。

在成熟市场，由于领先者在市场中占有优势地位，因此很难与它在整体市场上展开全面的竞争。但是，我们要明白，领先者之所以领先，是因为它在其核心市场具备了先入为主的优势。作为弱势品牌的创建者，参与竞争最有效的措施是，主动对市场进行破局，通过破坏性创新，创造出自己在某一方面先入为主的优势。这就是大单品切分市场的思维。

第一，市场细分。虽然成熟行业的机会少了，但并不代表整个行业内部没有市场细分和品类细分的可能。例如，王老吉就对饮料行业做了切分；光明莫斯利安就对牛奶做了切分。在当前的一些成熟市场里，有时一个细分品类或细分市场的战略意义，甚至比品牌更重要。

创造大单品的本质，就是精准地洞察细分消费需求，从而通过品类创新或者市场细分，细分出一个属于弱势品牌自身的市场机会。

第二，区域细分。很多国际大品牌如可口可乐、欧莱雅等，其主力市场几乎都在大中城市，对于广大的县乡镇市场，他们则鞭长莫及，这就给了纳爱斯、娃哈哈、自然堂、温碧泉等众多中国企业一个机会，它们深入二三线市场，取得了巨大的成就。

第三，行业升级换代细分。一个行业每发展到一定阶段就会有一个临界点出现，此时产业升级到来。产业升级或市场升级，都是企业的机会。这种升级换代，往往是因为消费需求的升级或者技术的突变而取得的。例如，电视机行业就曾经历过黑白电视、彩色电视、纯平电视、背投电视、平板电视、高清电视、互联网电视等升级换代的过程；影碟机行业也经历了 VCD、DVD、蓝光碟机时代。

单品决胜、产品一致化风格

大企业的产品竞争，是以品质对品质、以策略对策略、以创新对创新、以结构对结构，产品的竞争最终都会变成"针尖对麦芒"的一对一搏杀。谁才能最后胜出？

综观企业的长寿产品，我们会发现一个突出的现象：单品决胜。

就是说，行业顶级企业之间的产品较量，最后以规模化单品分出高低，这个现象在所有品类里都是一样的。

食品：康师傅红烧牛肉面、大白兔奶糖、阿尔卑斯硬奶糖、德芙巧克力、费列罗巧克力等。

饮料：加多宝、可口可乐、汇源100%橙汁、椰树椰汁、露露杏仁露等。

奶品：安慕希、特仑苏、纯甄等。

白酒：茅台（飞天53度）、五粮液（52度）、二锅头（红星、牛栏山）等。

奢侈品：LV包、劳力士金色款、雷达表。

调料类：加加酱油、海天酱油等。

做大产品规模可以采用三类方法，分别是策略化、创新化和结构化，不断创造产品新的增长点，不过要想在大的基础上做大市场份额、提高盈利率，则必须推出强势单品。只有强势单品才有可能取得顾客的品牌认可，使产品的营销成本降低，从而在提高销量的同时，使营销费用的增长幅度有效降低，实现市场份额和产品盈利的双增长。

在产品的规模做大后，就需要聚焦在做出优势单品（大品种战略）上，让这个单品和风格一致化的产品群，成为标杆性甚至是符号性的产品。

为此，企业必须围绕这一核心单品聚焦产品的全价值链资源，让该单品在原料包装、制造、品质、设计、广告、推广以及管理等方面形成一个完整的战略化领先体系，让竞争对手望尘莫及。

从大到强的产品战略，单品制胜及产品风格一致化，是不可分割的两个要素。高手之间的胜负，往往就在于1%的细节差异，这个1%的细节100%地体现在产品风格的一致性上。

苹果：从iPod开始形成的以白色（含白灰）为主、黑色为辅的产品风格，被iMac、iMac Air、iPhone、iPad2等系列产品所延续，形成强大的风格一致的产品群。

反观索尼、三星、惠普、联想（含Thinkpad），在产品的风格一致性上缺乏统一与坚持。风格一致性做得不好的产品，产品线很长，看似庞大，实则混乱，这种杂乱的产品线虽够深够大，但加起来都无法与苹果的一款单品抗衡，苹果仅2014年一年就出货1231.6万台。

没有强势单品，就谈不上强势产品。真正结构化的产品群，必然是围绕强势单品的结构化及风格的一致化，这是强势产品修成正果的必由之路。

【大单品例证】

百亿市场，呼唤闪龙脑黄金

据《健康报》等有关媒体报道，2015年6月15日的调查显示：我国中学生营养不良率高达24%，而尤其缺乏营养的就是大脑。根据我国2014年人口调查，中小学生总人数高达 2.1 亿人，他们学习压力倍增，身体与大脑都处于较快的发育阶段，对脑黄金的摄入量要求远远高于成年人。这是一个巨大的市场需要，几乎孕育着上百亿元的市场！

中小学生总是活泼好动，有着强烈的好奇心，大脑尚且处于发育阶段，成千上万地集中在学校、网吧、运动场所以及游乐场所，这些渠道非常容易引爆产品的销量。可以毫不夸张地说，不管是市场需求还是渠道运作，都非常容易催生超级大单品。在这样的大机遇下，闪龙 DHA 脑黄金饮料（见图 2-1）横空出世，几乎使整个饮料圈发生震动。

图 2-1　闪龙脑黄金包装

综观国内的饮料行业，每隔几年就会诞生一个超级大单品。而从目前的状况来看，闪龙 DHA 脑黄金饮料非常有可能成为下一个大单品的候选人。最令人惊叹的是，因为定位的创新与独特，目前它竟然处于独树一帜的霸主地位。

1. 产品功能的独特性

脑黄金，学名 DHA，在人体大脑皮层中有高达20%的含量。研究结果表明：DHA 作为大脑发育与成长的重要物质之一，是人类大脑形成与智商开发的必需物质。DHA 缺乏时可能会引发一系列不良症状，包括生长发育迟缓或智力障碍等。闪龙脑黄金饮料最令人叹服的地方就是它的品类定位，有敢为天下先的非凡勇气。除了富含 DHA 脑黄金，同时更富含葡萄糖酸锌、葡萄糖酸亚铁等益智生长元素，对青少年的大脑以及身体发育都有极为重要的作用。

2. 包装的差异化

在外观上，为了更加吸引消费者的眼光，广东省河源丰盛食品饮料公司引进了美国研发生产的时尚运动盖，比普通饮料更为炫酷方便！花巨资研发的龙爪瓶，更是超越了一般的工业设计，直接把闪龙的外观带进了魔幻的世界！这样的独特设计，不仅在国内看不到，在国外也是不曾出现过的。

3. 卖萌的营销策略

这是一个生活节奏特别快的时代，人们的生活压力都比较大，消费者很喜欢一款饮料可以给自己带来轻松愉快的感觉，卖萌成为各大品牌争夺的焦点，闪龙脑黄金饮料也不例外。萌萌的吉祥物，时不时走进街头巷尾，和小朋友们亲密互动，形成了绝佳的传播效果。

作为中国第一款脑黄金饮料的生产者，广东省河源丰盛食品饮料公司未来将与央视等大传媒进行深度合作，同时就智脑这个功能将会赞助更多的电视节目或游戏。

大单品助润心成为茶油第一品牌

青龙高科的润心茶油作为国内最早进行茶油生产的企业之一，十余年只做了一件事，就是进行高品质纯茶油生产。坚持从原料入手，培育万亩有机油茶林基地；坚持工艺技术不断进步，开创了无数行业先河；坚持设备领先、与国际接轨，全套引进欧盟尖端生产线；坚持产品品质卓越，获得了多项国内国际认证……多年来虽然企业在茶油行业有着一席之地，但是受到行业及自身品牌的影响，品牌发展和销量提升一直难以突破，企业发展步履维艰。

与志起未来策划公司（以下简称"志起未来"）合作后，青龙高科通过周密思考，决定运用维持性创新，帮助青龙高科打造出一款战略新品——"润心晶粹"茶油系列，正是这款战略新品有效帮助青龙高科提升了品牌知名度，拓展了企业市场，提高了企业利润率，最终将润心打造成为"中国第一山茶油"品牌。2010年"金浩茶油苯并芘超标事件"的爆发，更进一步证明了当初志起未来建议开发"晶粹"战略产品时的前瞻性和预见性。

当时的中国茶油行业也一直处于一个尴尬的境地，昂贵的成本以及散装山茶油造成消费者购买量偏少，而低毛利点让众多企业对宣传投入望而却步，面对低端的大豆油、棉籽油和高端的橄榄油等食用油的双向挤压，茶油企业苦不堪言，基本都在价格竞争和调和油路线两个方向上勉强维持。

我们给出的战略建议是：坚持走纯茶油路线，在原有山茶油的基础上，进行维持性创新，开创第二代高品质食用油。提升产品的内在价值，提高产品价格空间，走高端路线。最终，"润心晶粹"山茶油横空出世，并且构建了晶粹的金三角——轻脂肪，黄金配比，均衡营养。以欧盟标准开创高品质山茶油的新标准，开创高品质生活的新标准！

这彻底打破了山茶油行业的传统市场观念，为企业带来了全新的生命力。

我们认为，战略新品的诞生必须配以合适战略部署，打破山茶油以往土特产的土形象。随着"润心晶粹"产品的定位与标准提升，青龙高科现有的营销模式与渠道已经难以承载，而新的营销渠道与模式又该如何确定？"润心晶粹"的未来空间在哪？根据产品的特性、市场发展与消费者诉求等特点的总结，项目组发现了"润心晶粹"完全符合一二线城市高品质生活家庭的需要，因此提出进军一二线市场的现代战略思想：将眼光放在熟悉山茶油功效与益处的南方一二线市场，由点及面，以一线城市影响周边城市，再因势利导逐步铺入二三线市场，然后向北扩张，最终全国开花。

回顾这一过程，应该说青龙高科的成功就在于企业在没有大的变动的情况下，把握了维持性创新的精髓，通过品牌、产品、渠道、传播力的整合和借力，完成了一次企业品牌在质上的飞跃。在志起未来的帮助下，青龙高科在两年多的时间里迅速超越其他山茶油企业，成为中国山茶油的第一品牌。

第三章　从专到强、从强到大的企业之路

战略大单品路线是务实可行的。为什么呢？因为中国的企业，绝大多数还处在发展或上升的阶段，企业实力和规模都很有限，在这种情况下，如果贸然采取进攻的策略，开辟多种产品线，开发多种产品组合，往往面临很大的风险。所以聚焦战略采取单一化产品路线是企业从强到大的必由之路。

饿死的企业不多，被机会撑死的却多

据有关调查显示，大部分中国企业并非是饿死的，而是被撑死的，盲目贪大会使自己的企业付出极为惨重的代价。

有这样一个故事：

一天清晨，有一只徘徊在菜园栅栏外的山羊，希望吃到里面的白菜，可是，它没办法进去。此时，太阳升起，阳光普照着大地。山羊在不经意间看见自己的影子拖得十分长。"我的身躯这么高大，想必吃到树上的果子也轻而易举，吃不到白菜，也没什么大不了的"，它对自己说。

离菜园有一段距离的地方有一大片果园，里面的树上结满香甜诱人的果子。于是，山羊非常愉快地朝着那片园子跑去。山羊直到正午才到达果园，这时山羊的影子在太阳当顶下变成很小的一团。"原来，我是如此矮小，看来是无法吃到树上的果子了，还是返回想办法吃到白菜吧。"于是，它连忙往回跑，来到栅栏外，它的影子随着太阳偏西又变得很长。

"我为什么要回来呢？"山羊非常懊恼，"凭我如此高的个子，想要吃到树上的果子，不是很容易吗？"

如今，大多数企业都犯了与山羊一样的毛病，看到地上的影子，就感觉自己非常强大，轻易放弃脚踏实地可以得到的利益，终日处于不切实际的幻想中，浪费大量的人力物力，最终却是"竹篮打水一场空"。

有位哲人曾经说过：有两种选择是一种痛苦，有多种选择更是一种折磨。就如同吃饭多么简单的小事，假如选择多了，也会在无形中造成一种负担。

经营企业也是如此，最先创立的时候，只有一个简单的目标——如何生存下去。那时，只知道心无旁骛，兢兢业业，一条道走下去。企业成功后，赚的钱多了，想法也就跟着多了。俗话说：钱能壮胆，有了钱，就开始自高自大，看到什么赚钱就想去做，看到他人赚了钱，就认为自己也一定赚得到。因此大做加法，盲目冒进。殊不知，在市场竞争异常激烈的当下，市场分工只会越来越细，更加趋于专业化。

全球范围内的分工是世界经济一体化的本质，而深度分工要求企业具备深度专业化的资格。只有企业集中精力做好一种产品，进军世界前几名，才有实力不惧国际分工。

许多传承的大企业都是多年如一日地专注于某个领域，将自己的产品做细、做精、做透，之后涉足相关领域，而不是处处插手，盲目多元化。

根据一项统计数据表明：有将近80%的企业在创业后5年内纷纷倒闭，

究其原因，一个重要因素是它们没有将主要精力投入核心业务上。假如这些企业可以全心全意地专注于核心业务以及提高自身的核心竞争力，利用专业优势赢得规模效益，这一调查数据将大大减小。

曾几何时，许多企业陷入这样一个误区：多元化经营能够有效地规避市场风险。但是在市场从粗放转向专业分工日益精细的今天，多元化经营的难度越来越大，同时也令企业面临的风险常常高于市场的自然风险。

那些专注于其核心业务的企业在经济低迷时依然绽放光彩，另一些曾经令人耳熟能详的公司，却由于不能够专注于核心业务，而彻底从我们的视野中消失，成为"明日黄花"。

山西鑫龙实业集团陷入盲目多元化陷阱，从而失败。德国隆系的崩盘，格林科尔系的散架，成了业内的反面教材。

企业扩张的速度过快，又没有相应的控制系统，就会陷入急功近利的陷阱，甚至失去对多元化的控制能力。

三九集团前总裁赵新先被审，可以说是盲目"做加法"而失败的最好例证。三九集团从一家资产不到 500 万元的企业，发展到拥有 3 家上市公司和数百家直属企业的大集团，资产曾高达 200 多亿元。

就是这样一家"明星"企业，栽了大跟头——从一个制药企业裂变成一个涉及房产、汽车、酒类、饭店、农业、媒体等行业的超级经济怪物，结果欠下 98 亿元贷款。初看好似在做着加法，实际上，相加之后却是巨大的负数。

"撑死的企业，远比饿死的企业多。"这句话，就是对那些盲目扩张、片面信奉多元化的企业最好的劝诫。

企业成长转换的关键是做减法

随着经济的不断增长，人们的生活越来越富裕，许多人的身体也越来越肥胖，肥胖对身体健康的危害很大。因此，瘦身减肥逐渐成为社会潮流，尤其是女士更是对之趋之若鹜。

企业规模也不断扩大。许多企业还通过并购使自己快速成长，产生"肥胖"现象。一个"肥胖"的企业，哪怕规模再怎么庞大，但由此引起的企业资源消耗和浪费，人才资源在质量上与数量上的相对不足或缺乏，以及管理复杂性所带来的高昂管理成本代价等一系列问题都会给企业造成一时的"肥胖"辉煌，成为空心大萝卜，中看不中吃，甚至导致企业寿命缩短。企业的成长应该考虑的是"健康"而非"肥胖"。一些企业或企业集团，是不是也该考虑适度地瘦身减肥呢？

在这个世界上，企业瘦身减肥成功的例子不胜枚举。德国的拜耳在近20年进行了七次大规模收购行动迅速壮大后，直至2003年11月初反而完成了其历史上最大的一次瘦身计划，将旗下的部分化工与塑胶业务剥离出去，成立一家名叫纽克的新公司。美国的宝洁同样拟订了瘦身计划，计划削减一些处于市场边缘的小型分销商，只留下和该公司配合良好以及最密切的大型分销商。

1. 企业为何瘦身？

企业的使命是营造利润，从而延伸至社会使命。利润是关键，没有利润自然没有能力完成社会使命。运用加法扩大企业规模固然可以增加利润，但也常常由于人力、资金以及管理力量的过度分散，反而使利润的增加趋于缓慢，甚至使总体营业额降低。反观中国台湾的联华集团，为集中经营、获取更多的利润，近年来推出瘦身计划，将和本业较不相关的附属公司或投资剥离出去，取得相当不错的成绩。

尽管企业瘦身减肥的主要原因是为了集中精力经营本业，但是使企业更上一层楼，也经常成为一种减肥的动力。国内有一家大型医药集团，最近计划把旗下的一些小企业改制为真正的股份制，将企业30%的股权交由经营管理层与员工认股，用30%的股权招募外资，本身仅仅留下40%的股权。用员工入股来提高干部与员工的积极性以及向心力，并引进新投资者扩大效益，使利润不断增加，从40%的股权分得的利润，或许比原先100%的股权还多。而且，在释出股权时还可以获得更多的资金和收入，可谓一举两得。

企业需要瘦身减肥的理由还有很多，其中一个最关键的理由就是将旗下企业与其他集团结合，才能发挥经营的最大效益。例如中国台湾宏碁集团下属的一个企业，近些年剥离出去与鸿海集团结合。其他理由，如在战略上舍弃某一项行业的经营，将不良资产剥离出去，或减量经营求生存等，则更加需要瘦身减肥。

2. 审慎推动减法瘦身

不管什么原因，企业在用减法瘦身减肥的时候，总会经历一个比较痛苦的蜕变历程，如客户的疑虑，资源与资金的重新配置，主管与员工的忧虑、动荡与安排，企业文化的融合以及管理制度的改变等。这些痛苦以及可能遭到的损失，要尽可能地避免或减少，甚至要将其转变为一个更好更大的发展机遇，以下是一些可行的有效做法。

（1）确定公司的经营战略。企业瘦身减肥，关乎经营大计，应由经营决策层慎重讨论，咨询专业机构或相关专家，与董事会进行有效沟通，决定是否瘦身减肥，制定瘦身减肥的战略。

（2）订立瘦身减肥计划。瘦身减肥的战略制定后，应当拟定详细的计划，制定目标和时程，组织执行的委员会，订立进行的步骤或方法，提交经营决策层与董事会讨论定案。在执行时，应该定时报告与检讨进度。

（3）慎选承接对象。瘦身减肥并不是指单纯地取缔企业的分支，应当着眼于企业本身更能产生效益以及被剥离企业更好的前景，因此，对承接的对象必须慎重评估与选择。

（4）委托专业投资咨询机构。企业瘦身减肥的计划涉及许多专业，如财务评估、战略与计划拟定，受让条件研究后的拟定，对承接对象招募、评估和选择以及与之谈判等，这些并不是企业本身擅长的工作。应委托专业投资咨询顾问公司，尽管需要支付一定的费用，但却能更加顺利地进行并获得更多利益。

（5）剥离企业须货真价实。被剥离企业必须想方设法地经营良好，创造更多的有利条件，才有可能吸引承接者的兴趣，并从交易中获得最大效益。假如被剥离企业经营不善，也要具备优良的资产、技术或一些潜力才能吸引承接者。假如还有不良资产或企业要搭配移转给他人，加总之后也需要能吸引他人才行。

企业成长的关键就是要做减法，做减法可以让企业有更多的精力去经营一种产品，有助于企业实现更好的经营前景。

单品不大，问题就大

分析一个企业是否有发展前途，先看企业是否有一两个已经占据市场根基的大单品，我们称之为战略产品。

在市场上有这样一个普遍现象：大企业往往产品少，小企业的产品反而多。走进中小企业的展厅或仓库，产品种类几乎使人目不暇接，少则几十种，多则上百种，甚至经营跨行业的产品。一款产品一年下来销售额不过几十万元、上百万元，在中国这样的市场转盘里，根本谈不上打市场或做品牌，缺乏社会地位。因此说，单品不大，问题就大！

单品做不大，是企业长不大的直接原因。

前文也介绍过，在全世界前500强企业中，单项产品销售额占总销售额为95%以上的竟然高达140家，几乎占500强企业总数的28%；主导产品销售额占总销售额70%～95%的有194家，占38.8%；相关产品销售额占总销售70%的有146家，占29.2%；而无关联多元化的企业反而凤毛麟角。所以说，没有大单品，企业很难成功。

企业的衣食之源就是产品的销售。那么，如何提高销量？绝大多数企业认为应尽量多生产新品，品种越多，销量才会越大。他们总是认为，东方不亮西方亮。实际上，想象中的高销量未曾出现过。不管是自己还是其他成功企业的发展实践都证明了这个浅显的道理。

有人会说，康师傅、伊利，哪个不是多品类推进，家族兴旺？！然而，这些人仅仅看到了知名企业的今天，却忽视了成功企业在昨天也是一个产品一个产品做起来的。

大企业都是从小企业成长起来的，当你还比较弱小时，企业成长转换的关键就是聚焦和专一，打造战略单品，以单品树立企业形象，从专到强，再从强到大，这是唯一正确的途径。假如企业产品多而不精，业务散而不强，资源没办法集中在一个产品或一个市场上，那么在市场中必然处处处于弱势，结果肯定是东方与西方都不会亮。产品看似琳琅满目，其实全是虚假热闹，因为代表企业、企业赖以生存的战略"星"品自始至终没有树立起来。

单品大不大，市场说了算。

做市场打造战略"星"品，需要冷静客观，必须扎扎实实，不可遇到困难就懈怠不前。单品大不大，交由市场说了算。

例如，可口可乐在最初的50多年里，始终聚焦于可乐品类，直到20世纪50年代才推出了第二个品牌"芬达"。宝洁公司首款成功产品是"象牙"皂，40多年始终聚焦于这一产品，直到1926年，宝洁才推出第二个产品Camay香皂。又过了20年，才推出全美第一个洗衣粉品牌——"汰渍"。加多宝因为授权上的原因，只能做红罐王老吉一个单品，结果因"祸"得福，红罐王老吉仅仅用了短短5~6年，就从一个地方品牌一跃成为全国最大的罐装饮料品牌，进而成为最有可能走向世界的民族饮料品牌。

单品究竟需要做到多大算大？这里有两个标准，一是位列市场前三甲。在本品类市场份额当中是第一最好，假若是第二、第三，那么和第一的差距不能过大，最好在伯仲之间，且持续三年销售增长趋势明显、稳健。二是品类市场必须做得足够成熟。新品类、小市场中的老大不可沾沾自喜，得意忘形，特别是在没有其他品牌进入，缺乏竞争的市场，要么根本就属于小众市场，无法成长出大企业；要么是小老大，大品牌一旦看好这一市场，会以品牌与绝对实力在市场扩充容量中快速称王。

阻击对手，围绕大单品建立产品线

一个战略单品取得了成功，必然招致众多竞争对手的模仿，对手将以价格优势或者销售政策的投入，来与战略单品竞争。防止对手对战略单品的模仿和骚扰，需要围绕大单品建立起密不透风的产品结构——产品线。

产品线是指一群相关的产品，这类产品可能功能相似，经过相同的销售途径或者在同一价格范围内，销售给同一顾客群。不同的产品组合存在着不同的关联程度。

产品线规划影响的范围之广、涉及的主体之多、关联的要素之广，决定了这必然是一项举足轻重的大工程。在此过程中，企业需要考虑如何使不同的产品在合适的市场层级、终端充分释放潜力，如何根据不同的产品品种做出产品线规划的调整，并保证产品线战略与企业战略的高度一致。同时，企业还需寻找到产品结构的最佳组合，保证目前利益和未来利益的平衡。

产品线规划的原则是应该按照规模、盈利、份额三个标准来进行。首先，要有助于企业销售规模扩大。其次，要有盈利。最后，要能够占据一定的市场份额，最好是进入市场份额前三。

那么，应该如何以规模、盈利和份额为标准，去延伸并建立起规模化的产品线呢？

1. 顾客区隔延伸

顾客区隔延伸，不是简单的顾客细分，而是要选取具备一定规模与价值的顾客需求，去开发出相对应的新产品。

顾客区隔延伸，不是简单地占领什么年龄段的消费群，而是要用新产品去覆盖品类消费的大类消费份额及有价值的需求。

绝味鸭脖从一开始就将自身的消费者群体圈定在白领阶层以及更加年轻的时尚消费人群身上。这部分人具有一定的消费能力，有购买零食的习惯，对价格也不太敏感。更为重要的是，这类人群具有喜欢颠覆传统、追新求异、喜欢尝试一些新鲜和刺激的东西、口味多变的消费特点。

为了满足连锁模式需要的产品毛利和门店营业规模的要求，绝味鸭脖围绕白领和时尚消费人群，以消费人群综合性、多变的需求为着眼点，而不是以自己的产品类型为依归，在开发绝味鸭脖战略单品成功以后，陆续开发出了绝味鸭脖系列卤制品、绝味鸭脖蔬菜、绝味鸭脖海鲜系列等。另外，还开发了鸭舌、鸭掌、鸭翅等延伸产品，以求得消费人群的规模最大化。

2. 价格区隔延伸

价格区隔延伸，是指企业针对品类的各个价格带，进行相应的产品线投放。价格区隔延伸，并不是指企业需要全价格带覆盖，而是指应该围绕主流价格带，进行同价格带或上下价格带的保护性投放。

同价格带的产品重复投放，既是对核心价格带战略产品的聚焦化，又是利用新的产品参与竞争，同时保护战略单品。

价格区隔延伸要遵循两个原则：①核心价格带产品需要聚焦，宜精不宜多，最好是单品；②在核心价格带产品之上，开发新的产品进行形象提升和价格衬托。对于高价格带，可以全覆盖。

3. 渠道区隔延伸

渠道区隔延伸，是指企业经常进入多条不同性质的渠道，这就要求企业基于不同渠道进行产品的延伸组合。渠道一般可以分为现代渠道、传统渠道和特殊渠道，企业应该根据渠道的不同特点延伸开发相应的产品组合。

一般来讲，现代渠道中的产品组合最丰富，各个品种、规格、包装、价格带的产品都应该存在；而传统渠道中的产品，一般都趋向于小规格、低价格，这与传统渠道覆盖二、三级市场有关；对于特殊渠道，产品组合由特殊渠道的性质来决定。

4. 终端类型区隔延伸

与渠道差异性相比，终端类型的差异性更大。除了可以按照渠道区分产品之外，产品组合还可以根据不同的终端业态来设置。

（1）KA 卖场产品体系全面化。因为 KA 卖场需要满足消费者"一站式购物"的需求，以货架占据为目的，所以，KA 卖场一般需要最齐全的产品组合，价格高、中、低全有，规格大、中、小齐全。当然，在 KA 卖场中要加大利润型产品的比例，同时，KA 卖场也是新品上市的有效终端。

（2）超市产品体系主流化。A、B、C 类地区超市，其产品组合不需要像大卖场那样丰富，可以采取以主力品项、成熟型产品为主，并辅以辅助品项，满足消费者的日常购物需求。超市也可以作为新品上市的终端。

（3）小店产品区隔化。便利店主要是满足便利性消费，产品组合宜聚焦主力品项，或者针对便利店及杂货店构建区隔化的中小终端产品体系。

（4）分销商渠道跑量化。分销商渠道应以现金流型产品为主，品种要精简，只选取销量最好的产品，薄利多销。利润型产品、新品，都不宜选择这个渠道。

（5）核心价格带产品要覆盖所有渠道。实际上，价格区隔和渠道区隔往往需要协同规划。产品要根据价格带规模及份额、渠道终端类型及份额两个维度，形成一个价格带—终端类型模型的产品组合矩阵，将各类产品放到矩阵中，进行统一规划和安排。

5. 营销费用的安排

80%的生意来自20%的市场和产品。因此，虽然企业延伸出了众多的产品，但是，在传播费用和营销资源的安排方面，企业仍然要把资源倾斜到战略单品上。

一般来讲，常规的产品线划分往往会将一个企业的产品线划分为形象产品、战略单品、补位产品和阻击性产品四类。

在传播费用的安排上，建议将70%以上的费用投入到战略单品上，将15%的费用投入到形象产品上，10%的费用投入到补位产品上，5%的费用投入到阻击性产品上。

这样的费用安排，就决定了四类产品拥有不同的传播阵地。形象产品更多地应用于终端展示和新闻报道，尽可能不做促销；战略单品则在大众传播、终端展示、促销和新闻报道这四个方面都要投入费用；补位产品和阻击性产品基本上只应用于促销和终端展示。

聚焦品牌延伸化战略

除了建立并规划产品线，还要进行品牌延伸。所谓品牌延伸是将现有成功的品牌，用于新产品或修正过的产品的一种策略。品牌延伸可以加快新产品的定位，保证新产品投资决策的快捷准确；有助于减少新产品的市场风险，提高整体品牌组合的投资效益。

不管是品牌的档次延伸，还是品类延伸，品牌延伸既有一本万利的优点，又有一步错、步步错的风险。

霸王将霸王洗发水的品牌延伸到凉茶，就是一个品牌延伸失误的反面案例。

品牌延伸是有风险的。若对不能延伸的品牌进行延伸，或者延伸到不应延伸的领域，其风险是巨大的。因此，如何回避和降低品牌延伸的风险，是企业在品牌延伸之前需要慎重考量的。

品牌延伸策略决策要考虑的因素很多。但最主要的是品牌的核心价值的包容性。

正如前文所述，品牌的灵魂是品牌的核心价值。当一个品牌创建成功之后，它一定具备某种独特的品牌核心价值。如果这一核心价值能够包容延伸产品或品类，就可以进行品牌延伸。品牌延伸，应该尽量不与品牌原有核心价值相抵触，这就是品牌延伸的主要判断标准。

品牌核心价值可以包容更多档次、更多品类的品牌延伸，其成功的例子很多。

万宝路从香烟延伸到牛仔服、牛仔裤、腰带、鸭舌帽，就取得了很大的成功，那是因为万宝路的核心价值是男人气概和冒险精神，即使牛仔服、牛仔裤、腰带、鸭舌帽与香烟相差很远，品牌延伸也能够成功。而万宝路没有延伸到西服品类，就是因为万宝路"男子气概和冒险精神"的核心价值，与西服品类的"绅士风度"相背离。

娃哈哈从果奶延伸到八宝粥、饮料、纯净水，并建成娃哈哈帝国，是因为娃哈哈品牌的原有核心价值——"高可信度、高安全度、卫生有保障和童趣"，具有包容性。

我们此处所讲的品牌核心价值要具有包容新产品、新品类的能力，是指新产品、新品类并不一定要与品牌核心价值的全部内容相适应，只要与品牌核心价值的主体部分相融，就可以进行品牌延伸。

例如，雀巢品牌本来是"咖啡"的代名词，按照定位理论，雀巢是不能进行品牌延伸的。但是，雀巢品牌还有"国际级的食品业的领导者，温馨而有亲和力"的核心价值，所以，将雀巢品牌延伸到奶粉、冰淇淋和柠檬茶等新品类，消费者也能够接受。

品牌延伸需要以品牌核心价值为评判标准，那么，品牌延伸的具体步骤是怎样的呢？

系统地进行品牌延伸包括以下四个步骤：

第一步，对品牌进行全方位的基因检测，检测出并确定品牌的核心价值和 DNA。

第二步，让消费者说出能与品牌核心价值相包容的产品或品类，将它们作为备选产品或产品品类。

第三步，通过消费者概念测试，确定最终被选定的可以延伸的产品或品类。

第四步，根据对品牌核心价值的判断，确定用什么品牌架构进行品牌延伸。

那么，企业究竟应该在什么时候进行多品类延伸呢？可以从以下三点来考虑：

第一，企业在本行业短期内很难塑造竞争力，或因为种种原因，已经失去了竞争力时，企业应该考虑多品类延伸。

第二，企业在自己所属的行业或品类已经处于数一数二的位置，且要进一步深挖企业在本行业的发展潜力又十分困难，盈利水平与盈利空间已经明显缩小的时候。

第三，企业原来经营的行业或品类已经出现衰退，也就是所谓的夕阳产业，如果企业继续在本行业经营下去，必然导致消亡时。

当然，企业的多品类延伸，是一个战略问题。企业应该以战略来决定是否进行品类延伸以及选择什么品类进行延伸？在品类延伸之前，企业要清楚以下五点：

第一，在目前的市场上，我们的公司怎样才能做得比每一个竞争对手都更好？

第二，需要什么样的战略资产和竞争优势才能在新市场中取得成功？我们有这样的战略资产和竞争优势吗？

第三，能够在与对手的竞争游戏中赶上并超越它们吗？

第四，在新市场中，仅仅只是充当一个参与者还是作为一个胜利者崛起？我们的目标是什么？

第五，品类延伸的品牌结构选择是否用得上原有品牌资产？原有品牌的核心价值是否与新品类包容？

也就是说，在做品类延伸之前，企业要先找到自己的竞争优势和多品类目标，并找到超越对手的方法。如果企业在新品类市场中拥有竞争优势，并有机会超越对手成为新品类第一，那么，就可以施行品类延伸。

在品类延伸的品牌结构模式选择方面，"定位理论"认为：一个品牌与一个单一性定位词汇相等。因此，"定位理论"倡导"一个新品类启用一个新品牌"的品牌结构模式，即开创一个新品类，就应该推出一个新品牌。

这种观点是不对的。因为品牌定位的单一性理论并不适合中国的现实环境。

与之相反，我们对品牌单一性的理解是，这里的单一性，并非仅指品牌对应于单一的某种产品，更多的是指品牌核心价值的单一。当品牌核心价值可以包容多个不同品类时，利用一个品牌延伸到新的不同品类，是可行的。

例如，娃哈哈将同一个品牌名延伸到同一行业内的不同品类，如饮料行业的茶饮料、水、碳酸饮料、果汁等；甚至还将娃哈哈这同一个品牌名延伸到不同行业的不同品类，如娃哈哈进入饮料、八宝粥、服装及奶粉等不同行业。

又如，康师傅、统一进入方便面、饼干、香米饼、茶饮料、果汁饮料、水等不同品类，也都使用康师傅、统一作为品牌名，而没有推出新的品牌。

当然，如果老品牌的核心价值不能包容新的品类，那么，推出一个新品牌去涵盖新品类就是正确的。

聚焦纵向做透大单品的运营系统

大单品、品牌能否经受时间的考验，与企业是否已经建立了纵向做透大单品和品牌的市场运营系统与企业内部运营体系的关系重大。

市场运营系统是对外的，企业内部运营体系是对内的。建立纵向做透大单品和品牌的市场运营系统，就包括这两种系统。内外并举，两头用力，不偏废任何一头，坚持不懈，大单品和品牌才可能长寿。

1. 建立持之以恒纵向做透大单品与品牌的市场运营系统

纵向做透大单品与品牌的市场运营系统，包含了消费者洞察、市场洞察、产品定位、品牌规划、品牌定位、品牌识别系统、品牌传播、品牌核心价值、品牌延伸、危机管理、品牌管理、渠道价值链体系、营销模式、营销管理系统等方面。

把以上这些运营系统的各个环节做深做透，并几十年如一日地坚持，"精诚所至，金石为开"，品牌的长寿就是可以预期的。

一个企业能否建成长寿大单品与长寿品牌，除了市场运营能力及管理系统的差别外，最关键的就是对运营系统的持续纵向做透，这就需要企业在心智上保持坚定。

也许，提高企业的市场运营能力不难；但是，将运营系统持续纵向做透所需要的坚持与耐心，反而更难具备。

2. 加强企业内部运营体系建设，内功定胜负

在战略单品创新阶段，企业需要具备发现市场机会的洞察力；在战略单品培育和引爆阶段，企业需要具备做大单品的渠道运作能力和品牌推广能力；在品牌长寿阶段，企业需要具备持续做大做强大单品的研发、设计和管理的能力，需要具备对品牌核心价值的识别、坚守能力，需要具备赋予品牌附加价值的品牌建设能力，还需要品牌延伸的战略规划能力与管控能力……

这一系列的能力需求，都需要企业强化自身能力体系的创建。如果说，在战略单品诞生和做大阶段，"抢地盘"比"练内功"更重要的话，那么，进入品牌追求长寿的阶段，"练内功"比"抢地盘"更重要。

这种"练内功"，包括产品研发设计体系、品牌管理组织、品牌管理宪法的制定、完善的内部运营管理体系、围绕大单品的价值链管控体系等。

中国企业经常表现出的企业策略在执行中控制不力，与其长期的组织流程设计和企业管理文化有密切关系。企业要从组织流程再造、决策机制变革、人才队伍变革、奖罚机制建立等各个方面进行管理改造。企业必须走上以机制约束人、以管理驱动企业的道路，从人治到法治，形成有自己特色的内部管理系统，才能把体制改革的活力和技术创新的威力发挥出来。

企业盈利能力的强弱，直接由运营管理能力决定。运营管理能力强的企业，规模越大，利润就越丰厚。反之，则规模越大，亏得越多。

这种内部运营系统，主要体现在企业管理人员的运营管理和运用资金的能力上，包括营建管理、运营管理、成本管理、人员管理、激励管理、服务管理、财务管理、客户关系管理等。

3. 持续强化研发与设计体系

核心产品优势往往来自核心技术。独特的产品、独特的技术、独特的设计，才能提供独特的价值。

中国企业大多不掌握核心技术，在产品设计方面也投入不多。但是，中国企业要想在国际化的大环境中实现基业长青，就必须掌握核心技术和强化设计能力。这是中国企业发展的必然方向。

虽然现在无法掌握，但不代表未来也不能掌握。

海信的电视"中国芯"，中国另一科研企业的"IT之芯"，这些核心技术的突破，都代表了中国人同样可以掌握核心技术。关键在于现在是否有实力去建立研发基础，或者是否重视掌握核心技术。

我们以服装行业为例。众所周知，从国外男装品牌的发展经验来看，国际大品牌"设计文化与设计实力崛起"是普遍规律。

在长达百余年或数十年的岁月中，无论世界诞生了何种先进的营销模式，或者国际大资本如何猛砸资金试图挤占服装版图，这些大品牌始终坚守自己的秘密壁垒，专业而细致地占据着与设计实力相关的资源：设计师资源、供应商资源和面料资源。"设计"和"原创"是它们的根。

中国企业在产品设计方面，需要向国外企业学习，学习它们在设计方面持续投入和持续提升的精神。

4. 制定品牌宪法

品牌宪法是一个公司品牌建设、运作、管理的纲领性文件，在公司内部起到类似于宪法对国家所起的作用。

正如管理一个国家需要《宪法》一样，管理一个长寿品牌也需要品牌"宪法"，需要对品牌进行规范和管理。

对于品牌定位、品牌形象、品牌个性、品牌核心价值、品牌附加价值、品类延伸、品牌延伸等问题，不同的人有不同的理解。为了保证品牌核心价值的一贯性，保证品牌在执行过程中不走样，企业有必要编撰完善的品牌手册，来为品牌管理立法。

品牌创建作为一项重要而持久的战略工作，需要品牌管理人员深刻理解品牌的核心策略要素，即品牌的"大纲"。

所谓"纲举目张"，品牌手册就是品牌的"宪法"和"指导纲领"，包含品牌最核心的策略要素，用来指导品牌营销活动的各个方面。

为品牌建立一套使得组织内部各部门都能理解且部门之间容易沟通的标准化的品牌策略运作体系，就是品牌手册的核心使命。如果缺乏这一套策略体系，那么既可能导致企业内部对品牌理解与运用的混乱，又可能导致消费者对品牌理解的混乱。

品牌手册的核心内容具有持久指导性，应随着市场环境的变化和品牌的发展由品牌管理部门进行必要的更新。

品牌手册在明确提出品牌使命的前提下，回顾了品牌的历史沿革，定位了品牌的目标消费者、核心价值和个性，规定了品牌视觉传播要素标准，并从产品和传播的角度策划了品牌营销的相关策略。同时，介绍了品牌策略发展的思路和方法，以便手册的使用者充分了解品牌的核心策略要素，并在未来的工作中科学系统和卓有成效地对手册的内容进行发展及更新。

品牌手册为所有涉及品牌创建的工作人员提供了必须遵守的原则，是产品开发、品牌传播、各类设计等营销活动策划和实施的基本依据，不得出现背离品牌手册规范的策划和设计。

品牌手册将依据品牌管理的推进进行必要的修改和变动，以确保其能始终正确地指导品牌的管理。修改应慎重而准确，应有明确的审批和记录。

品牌手册的管理部门为企业的品牌市场部，有关手册的使用方法和内部解答都由该部门负责。

5. 为品牌建立管理组织

企业如果要把建立长寿大单品、建立百年品牌作为首要任务，那么，就需要为品牌建立品牌管理组织。品牌管理组织有以下三种：

（1）业主或公司经理负责制。所谓业主或公司经理负责制，是指商标（或产品层次）的决策活动乃至很多组织实施活动全由业主或公司经理以及公司的高层领导承担，只有那些低层次的具体活动才授权下属去执行的一种高度集权的商标管理体制。

（2）职能管理制。职能管理制是指在公司统一领导、协调下，商标管理职责主要由公司各职能部门分担，各职能部门在各自的权责范围内行使权利、承担义务的商标管理制度。这一制度在20世纪20～50年代的西方比较盛行，至今仍被一些西方企业所采用。我国目前也有相当多的企业采用这一商标管理形式。

（3）品牌经理制。所谓品牌经理制是指公司为每一品牌的产品或产品线配备一名具有高度组织能力的经理，由他对该品牌的产品开发（包括产品概念、价格与成本、材料要求、包装要求、上市时间等）、产品销售额、产品毛利率负责，并具体协调产品开发部门、生产部门以及销售部门的工作，负责品牌管理的全过程。

从无到有的产品战略

我们将这个阶段的产品战略分为以下三个关键要素与步骤。

1. 洞察明大势

洞察不是市场调查、专家研究抑或规范分析，而是基于市场调查、运用专业工具以及经过科学分析之后的判断，找出与自己的产品和服务相关的机会。而机会洞察的核心是指通过对产品的品类规模、行业结构等做出的理性分析，确定自己产品所在市场的类型以及是否有重大的机会。具体而言，就是从下面 5 个方向确定产品的突破口。

一看竞争机会：自己的产品和同类产品相比较，在价格、品质、顾客服务乃至产品概念方面等有哪些竞争优势。

二看行业趋势：行业是处于规模化驱动，还是价值化驱动阶段，抑或存在创新性驱动的机会。只有确定行业驱动力所处的具体阶段，才有可能做出正确的产品定位。

三看驱动引擎：产品不具备独创或超性价比时，渠道运作能力一般会成为产品进入市场的关键引擎。

四看顾客需求：在这一阶段，少数企业会采取利用创新性产品进入市场的策略，这就需要从顾客无法被满足的需求入手，制定产品战略，如五谷道场的非油炸方便面。

五看商业模式：商业模式包括销售模式、收入模式以及业务模式等。例如，好想你枣业的连锁专卖店模式、凡客诚品的平台整合资源式电子商务模式、动漫产业卡通形象授权收入模式等。

在 8848 宣告电子商务失败、互联网进入低迷时期时，马云认为"电子商务＝鼠标＋水泥"原本就是一个错误概念。马云的洞察是：早期的电子商务，必须立足于买家和卖家的价值需求。对于买家（网购迷）这是一个省事、省时的"看货"渠道，对于卖家（网商）则是一个低成本以及低风险的渠道投资。当网商与网购迷规模增大并对电子商务产生依赖之时，电子商务终将回归其作为一种便捷交易渠道的功能。因而先有 B2B 的阿里巴巴，接着诞生了 C2C 的淘宝。

所谓洞察，就是指从平常的商业或生活表象下面，发掘一座"金山"的矿脉。洞察需要直觉与用心，这个过程很难量化。大部分商业洞察能从一个有效的逻辑和方法开始：运用产业营销战略思维从研究准备进入的产业开始，用心思索这个产业的结构、特点、趋势以及关键要素等，而并非仅仅盯着自己的产品。

2.　策略定方法

洞察之后，是确定自己产品的类型与进入市场的驱动力，即看自己的产品属于以下哪种类型，然后确定相应的方法。

（1）规模型产品：市场份额导向，产品的驱动力是成本优势、规模优势，如啤酒、大众饮料。

（2）价值型产品：顾客综合体验导向，产品的驱动力是品牌风格、品质、服务等，如白酒、100％纯果汁等。

（3）创新型产品：需求升级导向，产品的驱动力是超越性的顾客体验，如智能手机、互联网电视机等。

（4）跟随型产品：模仿跟进上述三类领先品牌的产品，即"山寨"产品，产品的驱动力是渠道、价格、执行力等。

尤其需要注意的是，不可采用错误策略，即错误理解产品类型，从而采取了错误的方法。

通常出现的三种情况如下所述：

（1）在规模化市场里做高价值产品：青岛啤酒产业坚持定位中高端，而致使最大消费规模的中档啤酒份额被华润、雪花占领，事实上，中国的啤酒消费并非存在差异化或价值化选择为导向的品类，青岛啤酒坚持走中高档路线，只会让自己失去获得高销量的机会。

（2）在价值型市场里做低价值产品：100％纯果汁是汇源一直以来的核心，只有沿着橙汁向全方位的纯果汁饮料前进，才算正确的策略，可是，汇源却多次投入低价值产品的竞争，真鲜橙、奇异王果以及果汁果乐，甚至最近收购的旭日升冰茶，都属于错误的产品战略。

（3）在创新型市场里追求规模：长虹在电子管电视机市场一度曾是中国市场的领先者，采取囤积彩管这种垄断上游供应的战略，试图更大限度地打压对手。殊不知：①自己不可能垄断货源；②电视机早已到了液晶时代的门口，现有的彩管电视机份额很快就迅速贬值，这个产品面临即将被淘汰的命运。

企业必须为自己的产品确定所在市场的类型，才能制定正确的产品策略与方法。

3. 聚焦产品卖点

产品卖点是给顾客一个必须购买的合理理由，包括感性的喜欢理由。

永远不要认为消费者购买一个产品是出于冲动。冲动性购物行为是消费者理性判断之后的一个行为表象，准确地说，产品的感性吸引力也是被设计出来的，没有消费者无缘无故冲动购买产品这回事：冲动行为发生的前提是消费者事前接收了该类产品及品牌的信息，形成了"预期的价值判断"，才会在随机逛街时发生冲动购买行为。

理性的、逻辑的、有说服力的产品购买理由，是所有顾客购买行为的"逻辑认同"基础，感性的、创意的、吸引眼球的产品销售说辞（包括形象展示物料——POSM），是产品实现销售的"临门一脚"，前者是产品卖点，后者是对卖点的包装与强化，二者缺一不可。

【大单品例证】

第一坊：一滴花生油的革命

长寿食品作为一家集花生种植、加工、销售为一体的高新技术企业，其第一坊原生花生油拥有100%山东非转基因花生天然原料、低温冷榨国家发明专利等先天优势，却出现滞销。长寿食品十分困惑，为寻求突破，2013年4月与采纳营销公司达成合作，于是便有了这一场花生油冷榨工艺革命。

1. 观大势，探寻缝隙谋机遇

"物竞天择，适者生存"，说的是生物在自然界最根本的生存规则，同样也适用于品牌在营销市场的生存规则。一场品牌革命的掀起，先要观大势，顺其道而得先机。第一坊的革命起始也一定是探索革命条件，确定一套顺势而行的发展战略。

食用油的发展，从有油吃，到吃卫生的油，到讲究安全健康，最后到追求营养，我们看到了消费者的需求——在保证安全健康的基础上注重营养；与此同时，花生油品类的自身发展也在不断进化，从散装油，到小包装油，到纯物理压榨花生油，再到冷榨花生油，不断地满足消费者对食用油的不同消费追求。因此，在消费者的需求和行业发展的双重推进下，花生油冷榨工艺已走上时代舞台，花生油工艺革命拉开大幕，谁能抓住时代机遇，顺应行业趋势，振臂一呼，谁就能赢得先机。

2. 谋全局，细化缝隙谋第一

已经看准了市场缝隙，第一坊怎样才能抓住这个机遇？必须细化缝隙，找到适合第一坊的细分市场，从品牌定位、核心概念、品牌价值体系等维度确立市场位置。

（1）细化缝隙，找位置。深剖冷榨花生油工艺的市场缝隙，采纳营销专家在食用油行业的发现：冷榨工艺日益成熟，低温压榨工艺已成行业高标准共识。首先，我们从竞争格局去寻找突破。通过对全国品牌和区域品牌的细分对比发现：冷榨工艺现阶段虽已进入花生油市场，但群龙无首，没有统一标准，缺乏领导品牌。其次，第一坊是冷榨花生油工艺的专利发明者，专注于花生油冷榨工艺十几年，是花生油冷榨标准的创立者。因此"低温冷榨工艺，营养完整保留"正是第一坊最核心的优势。至此，第一坊真正找到了适合自己的"市场缝隙"，并顺应行业生态发展，树立行业标杆——冷榨花生油领导者品牌。

（2）明确策略。明确了自己的定位，第一坊决定采取利基者战略——专注冷榨花生油这个细分品类，把握机遇，抢占冷榨花生油市场，成为冷榨花生油领域的领导者——引领花生油冷榨时代。

（3）明确核心。"引领花生油冷榨时代"的第一坊与其他花生油品牌的差异在哪里？采纳营销专家从第一坊的资源进行梳理：第一坊与竞品之间最大的区别是冷榨工艺，冷榨工艺相比热榨工艺的核心优势是"营养完整保留"，而竞品诉求点无人抢占"营养"，但这却是消费者的核心需求。由此，我们发现，第一坊最有价值、最具差异化的核心点是"营养完整保留"。

（4）落地执行，实现品牌突围。确定第一坊品牌战略和品牌定位之后，才真正打响了第一坊的突围革命，拿到了主动权。接下来，第一坊依托品牌价值体系，进行产品规划，确定第一坊产品组合、卖点、包装、推广方式，革命只有在实干后才能取得全面胜利。

3. 改头换面，重新梳理产品系统

优化产品结构，组合作战。采纳营销专家根据目标消费者不同，建立合理的产品组合，承担各自的产品角色，并体现清晰独特的产品诉求：冷榨花生油系列——低温冷榨，保全营养；有机冷榨花生油系列——有机冷榨，纯净营养；冷榨花生胚芽油系列——胚芽冷榨，珍贵营养。由此实现充分利用企业资源、满足市场需求，市场竞争攻防有序，从而获得了更多的市场份额。同时，重新设计第一坊的包装，从正面充分突出"冷榨"的品类定位，让品类定位在终端一目了然，方便顾客选择和购买。

4. 全面升级，优化营销系统

在品牌策略指引下，我们设计并制作各类丰富多彩的市场物料，活化终端，助力开拓市场，同时开展多层次招商，拓宽渠道，并逐步构建第一坊的基础营销系统，帮助第一坊成功打造样板市场。

宝洁"瘦身"演绎收缩智慧

经过十几年的全面扩张，宝洁已经无所不包，从美容用品、刮胡刀到电池，不一而足。2014 年该公司宣布，将砍掉一大半品牌以实现增长。CEO 雷富礼表示，宝洁最多将剥离 100 个品牌，以便将注意力集中在 70 ~ 80 个收入最高的品牌上。这家全球最大的消费品公司，希望通过"瘦身"来变得更强。

宝洁的这份公告很好地阐释了一个有些矛盾的模式，那就是扩张的诱惑和收缩的智慧——在不同行业大大小小的公司追求增长的过程中都能看到这一点。

每家公司都被寄望于实现增长、创造股东价值。这往往会造成它们为了增长而采用所有可能的手段：延长产品线、扩充现有品牌、争取更多消费者、进入新的市场。每个扩张机会似乎都很诱人，因为能带来收入。但并非所有的增长都具有同样的价值。如果公司不为如何增长定下规矩，它们的业务复杂化速度就会迅速超过收入增长速度。由此产生的结果是：经营变得笨重，重点模糊，成本上升，盈利水平下降。

那么，为什么像宝洁这样聪明的公司也会让局势发展到这样的地步才采取行动呢？它为什么会把边缘品牌保留这么长时间呢？有时候，问题暴露时已经太晚。就像过量饮食——吃饱了这个信息从胃部传递到大脑需要15分钟，公司在意识到实际情况方面也存在延迟。等它意识到以后，"赘肉"已经堆积了起来。

宝洁的经历并不特殊。和宝洁一样，另一家大型消费品公司卡夫食品也早已意识到"收缩的智慧"。

几年前，卡夫食品在发展中市场业务规模庞大，包含几十种产品，在60多个国家和地区拥有150多个品牌。这项业务已经变得步履蹒跚，缺乏凝聚力和方向。2007年，它推出了一项策略，目的是找到业务重心。这项策略的代号为"5-10-10"，内容是集中于5大品类、10大品牌和10个关键市场。这种做法让卡夫食品的注意力更加集中，同时锁定了资源，使该公司得以采取一些重大行动。6年内，这项业务的收入规模就从50亿美元增加到了160亿美元，内生性增长达到了两位数，盈利水平高达50%。

作为世界上业务覆盖面非常广的科技公司，微软也进行了类似的转型。

经过多年来无所顾忌的产品扩张和收购，新任 CEO 萨提亚·纳德拉着手为该公司瘦身。微软开始压缩手机业务，把重心放在了成为一家以移动为先、云为先的公司。

确定优先度是其中关键——要找到真正起作用的东西，然后聚焦。做更少的事，但把它们做得更好，这就是所谓的"收缩的智慧"。

当代最成功的一些公司都采用了这样的原则。苹果公司旗下的产品和品牌屈指可数。租车公司 Enterprise Rent－A－Car 将重点放在由手头没车的消费者构成的更新换代市场。就连那些聚焦的初创型企业，也能获得不俗的回报。DocuSign 的业务重点就是文件签收。Uber 只提供出租车服务。由此可见：只要你将一个市场挖掘得够深，这个市场就不存在"太小"一说。实际上，要扩大收入规模，你应该缩小市场！

对宝洁来说，现在的难点在于如何控制这个收缩过程。

如果优先选择的品牌无法通过增长来弥补已剥离品牌产生的收入损失，盲目删减产品和品牌就会造成一场灾难。如果某些非优先选择品牌可以带来利润而且在管理方面不会耗费高层很多精力，它们也许就值得保留，至少在一段时间内是这样的。对于那些要剥离的品牌，价格是唯一的影响因素——剥离工作必须尽可能迅速而简单地进行，以免节外生枝。

专注于核心业务有助于降低复杂性，简化策略，管理层就可以自上而下地执行工作，这就是重点经营和"收缩的智慧"带来的优势。执行新策略的宝洁将经历一个尝试期，但如果顺利度过，它将变得更加精干、运转自如，在盈利状态下实现可持续增长。

第四章 最棒的销售就是不用销售

一些产品无论企业砸下多少广告费、变换多少营销手段，其销售量就是上不去。而一些产品自打上市以来，投下很少的营销费用，其销售量却节节攀升，深受消费者的喜爱。原因是什么呢？归根结底就是有没有走战略大单品路线！

卖"桑塔纳"还是卖"劳斯莱斯"

卖"桑塔纳"还是卖"劳斯莱斯"？大企业卖的都是"劳斯莱斯"，卖的都是品牌。依云就是这样一个企业。

全世界97%的水是盐水，2.1%的水来自地球南北两极的冰山融水，只有0.84%的水能供人类饮用，而这其中只有0.00000004%是依云矿泉水，它拥有高达10.8%的全球市场占有率。这就是依云的战略：卖的是品牌，赢的是高端市场。

一瓶普通装的依云矿泉水售价在20元左右，是一般瓶装水的10倍，然而仍然有不少消费者对其趋之若鹜。年轻人喝依云矿泉水喝的是时尚，爱美之人喝依云矿泉水喝的是健康，成功人士喝依云矿泉水喝的是生活品质。在消费者心目中依云矿泉水已不单单是一瓶矿泉水而是一种生活方式。因此，消费者不会因为价格高而不选择依云矿泉水，因为价格低的矿泉水应有尽有，而他们选择了依云矿泉水就不会对价格有异议。

由于依云矿泉水富含多种对人体有益的矿物质、微量元素，不少人购买依云矿泉水用来敷脸、作为爽肤水使用，使用之后肤质都有一定的提升，一传十、十传百，依云矿泉水的美肤效果被越来越多的人所熟知。看到这种商机后依云推出了同品牌的化妆品系列，定位为来自依云小镇的纯天然的化妆品，其中最知名的便是依云矿泉水净化喷雾，在各大商场超市都有出售且销售情况良好。

依云矿泉水的价格如此昂贵，却有不少拥护者，其中的秘诀又是什么呢？试想一下，如果娃哈哈、康师傅的矿泉水换一个包装定价10元、20元，消费者会买账吗？

这就好比中低档的品牌推出价格相当于高档品牌的产品，同样的价格消费者一定会选择高档品牌的产品。因此，除了饮用矿泉水之外，依云一定要赋予产品更多的价值，依云卖的是功效，更是品牌。普通的矿泉水生产商局限于矿泉水产品的低价格，同样的水只能换换包装、换换广告语，依旧按一两元的价格出售，而依云不同，它跳出了产品看产品，发现了消费者对饮用水的更多需求。商务活动时、情人约会时、养生保健时能不能有更合适的饮用水呢？饮用水只能是一种廉价的商品吗？当人们在家时有没有理由让他选择瓶装水而不是凉开水？依云正是发现了这些，把矿泉水打造成了水中的奢侈品——一个普通饮用水无法比拟的品牌。

于是，星级宾馆选择依云体现高档次，高级会所用选择依云体现对客户的尊重，企业家的私家车里备着依云矿泉水向同乘的客户展示公司实力，很多时候消费者已经不把依云看作一瓶普通的瓶装水了，当他们要去买依云矿泉水时说的永远是"我去买一瓶依云"而不是"我去买一瓶水"。

通过依云品牌故事的传播和矿泉水的神奇功效，配合高端场合让社会名流享用，使得在消费者眼中即使它不是最天然、最纯净的矿物质水，但一定是最贵、最奢侈的矿泉水。

奢侈品就是人们不一定都买得起但是一旦有钱就会想要拥有的东西。依云正是意识到了这点，因此定期推出各种外形华美的珍藏版瓶装水，进一步深化自己的品牌文化。若不是跳出产品看产品，依云不会在瓶装水行业打造出自己的奢侈王国，也不会拥有和其他瓶装水如此明显的品牌区分，在瓶装水行业做到无可替代。

依云的高品质使它成为了饮用水中的"劳斯莱斯"。

消费者上瘾，是大单品的吸引力

时至今日，消费市场已经变成了一个"情感"、"体验"催生"魅力产品"的时代。好产品会让消费者上瘾，如图4-1所示。

消费者抛去"上帝"与"傻瓜"的外衣，只是一个具有真情实感、渴望表现自我的人。如今业界最值得关注的大事就是怎么根据消费者的心理特点，打造出温馨且具有吸引力的大单品。具体可从以下三方面着手。

（1）要对消费者品牌印象进行主观改造。在面对众多的信息，特别是在消费情境中，消费者更偏向于经济的认知方式，即付出少量认知资源占据最大量的信息。例如，类别化记忆品牌个性便是其中最好的捷径。类别化记忆

好产品会上瘾

吃火锅 ➡

麻辣烫 ➡

图 4 - 1　好产品会让消费者上瘾

品牌就是指以某类形容词概括一类品牌，品牌可以跨品类、跨地域，但只需要品牌个性相似，就可能聚集在一起。如百事、M - zone、iPod、Nike 被年轻、活力、探索、乐趣划分为一类，雀巢、宜家、OLAY 则被包含在温馨、呵护的范畴内。而经济认知方式的直接后果便是极化与整体化，即认为某种品牌只代表一种品牌个性，并且在加工过程中，屏蔽有悖于既定个性的信息，完善并填充缺少的信息。也许百事只说了句"年轻一代喜欢喝的"，结果在消费者心目中，却赋予百事一切"80 后"、"90 后"的特质；也许 BMW 要成为年轻成功人士的首选，结果一切年轻成功者特质（内敛、睿智）都被赋予BMW。这一切对于品牌的好处在于强化品牌独特、鲜明的个性，危害在于打开一扇门的同时关上所有的窗。

（2）要让品牌的象征意义主导消费者的选择。商家和消费者之间的关系从本质上来说是完全共赢，并不是出于一种斗得你死我活的姿态。消费者花几万元买一个 LV 的包、花上百元只是在 Starbucks 喝杯咖啡，其获得的不仅是经济价值或功能利益，而是品牌象征意义所带来的心理上的满足。品牌与产品的根本区别就在于前者以独特的个性满足消费者心理需求，从而与消费者建立起情感联系，满足消费者自我形象提升的需要。

（3）要减少偏见维系消费者忠诚。企业在形成品牌态度之前，假若信息缺失或存在客观环境的误导，习惯上将加工品牌概括化的消费者很容易对品牌形成某种偏见。非常可乐的新上市总是使人联想到汾煌、天府、少林等，同样，哪怕再物美价廉的商品，通过电视广告一播，效果也会大打折扣。正面态度的强化成就了品牌忠诚，当有人还在因小范围品牌选择加速而认为品牌忠诚已经消逝时，据悉可口可乐 2015 年全球销售有近七成是品牌忠诚带动的。高度忠诚者是企业最大的利润源，中度忠诚者则在几个品牌间游离，而频繁转换品牌的低度忠诚者也许比重较大，但对企业利润的贡献却最小，因此保持核心目标群的稳定才是重中之重。

综上所述，打造温馨大单品，做到以下几点非常重要。

第一，从创意层面来说，要让品牌个性更加鲜明，可以保留一点缺失或设置一个触点，但要记得留有回味空间。如宝马推出的一系列广告，不管是爱情主题、温情主题、品质主题抑或是安全主题，最后 3 ~ 5s，在 LOGO 出现的同时都会出现稳定、深远且空灵的钟声。只有在双方共同作用下形成的品牌个性才更加富有感染力，其中关键在于对留白或触点的把控，例如以声音作为触点，盛夏雪碧开瓶声，流经喉咙的声音，给消费者留有充分的联想空间，做到"要爽由自己"的理念深入人心。要想激发消费者的情感，就要释放理想自我。这点现实中已被成功品牌应用得得心应手，OLAY 模特的皮肤永远异常白嫩，BMW 的骑手一如既往的英气。另外，谨慎使用"组团忽悠"，个性类似、实力相近的品牌共同出现的确能彼此强化，但也是一荣俱荣、一损俱损，曾经 KFC 出了苏丹红事件，同期消费者对百事的品牌好感也下降了12%。结合消费者认知品牌的特点，在创意上多下功夫是与消费者亲密接触的基础。

第二，媒体投放层面留有适当的距离会更美。有关调查显示，73.9%的人之所以讨厌广告，就是因为其"无孔不入，让人不得不被动接受信息"，71.7%的人讨厌它"播放次数太多，影响接收其他信息"，另外还有66.6%的人认为广告泛滥，以至于干扰人们的正常生活。这就是精确打击甚至轰炸的恶果，例如某企业十分得意地在地铁门上印上"还想挤吗？去买辆车吧"，结果自然是引起大众的极度厌恶心理，因为这句广告语包含着歧视大众阶层并和环保理念背道而驰的因素。因此，我们要超越定位→打击→大剂量投放→轰炸的诉求套路，要更尊重消费者，增加受众对消息的选择与控制，引导受众通过网络等互动性较强的媒体获取信息。

第三，增加品牌体验也是不错的方式。要想吸引消费者，增加品牌体验也是不错的方式。在体验营销中，一方面是要创造顾客满意价值，另一方面是要做好客户的数据库管理以适应一对一的个性化营销。营销实践证明：一次良好的品牌体验或一次糟糕的品牌体验相比正面或负面的品牌形象要更加有力。一个产品是否具有市场竞争力，除了和对手存在明显的差异，还要有被顾客认同的独特价值。如某一化妆品营销就通过"寻找全国最美的微笑"主题活动打动了众多观众的心。现在企业都十分注重顾客数据库建设，企业可以通过了解顾客不断改变的需求来创造新的价值。在数据库的基础上，细分数据库里的固有购买者与潜在购买者，然后再进行信息分析，明确与他们进行沟通的最佳时机，从而把现有的顾客群体进行细分，学会辨别哪些因素才能支持顾客保持原状或改变购买行为。

让消费者爱上你的大单品就要学会以温馨的名义，拉近与消费者的心理距离。让消费者乐意主动接受单品，而不只是被动接收单品信息；让单品与消费者在心理上无缝对接，而非妄图给他们洗脑；让消费者在温馨的放松状态中接受信息，而非无孔不入的紧逼式灌输。

"功夫在诗外"的大单品魅力

"功夫在诗外"是人们常说的一种意境，引申开来，就是说成功者不单单要把该做的做好，还要在该做的之外下功夫。

许多崇尚机会主义的国内企业对"单品神话"顶礼膜拜，渴望有朝一日通过一款产品迅速蹿红。殊不知，更多的时候，却是产品以外的因素决定了产品的成败。

产品作为企业经营过程中的一个基本要素，也代表着消费者需求的直接体现。由此可知，产品的成败直接影响企业的成败，许多企业都致力于打造一款足以改变企业命运的产品。然而，理想与现实之间还存在一定的差距，调查表明：产品的失败率一直以来都居高不下（新产品的失败率甚至超过90%）。产品失败率高从表面来看是因为产品没能找准市场定位或者产品本身竞争力不够，事实上情况并不是这样，原本看起来非常直观或直白的问题总会牵连一系列其他问题。例如，产品质量与价格问题会牵连到产品的定位，产品知名度会牵扯到推广与其他渠道，经销商会牵扯到销售政策、产品组合以及渠道结构，销售人员的问题还会牵扯到策略规划、组织体系以及激励体系。换句话说，产品存在的问题并不仅仅指产品本身，还和许多产品之外的因素息息相关。这就是我们常说的"功夫在诗外"。

要解决产品问题，就必须跳出产品本身来思考。事实上，产品的成功不是战术上的成功，而是战略上的成功。换句话说，产品要获得成功，思考的高度就一定要高于产品本身，否则将陷入支离破碎的细节之中，难免因为顾此失彼而导致失败。

产品规划是一个系统工程，在考量产品时一定要高屋建瓴，从战略和全局的角度来思考，绝不只是设计产品、确定价格、制定政策、寻找客户这么简单。实际上，仅审视企业的营销战略就基本可以预测产品的市场表现。正所谓思路决定出路。

浙江有家名为"快活林"的饮料企业推出了一款姜茶产品。为何推出姜茶产品呢？理由十分简单，在该公司老板的家乡，人们有喝姜汤的习惯，于是他自然地想到推出这样一种产品（并未通过缜密的市场调研）。

该企业很快为"拍脑袋"式的决策方式付出了代价：因操之过急，投入大量资源狂轰滥炸却未能撬开市场。原因在于：姜茶的消费面十分狭窄，属于一种地域性的小品类，市场有待培育。无奈之下，企业只能缩短战线，这导致销售政策变动过大、服务脱节、产品积压严重、客户纷纷抱怨，产品最终只得退出市场。

B企业曾是国外某日用品品牌的代理商。尽管销售情况不错，但毕竟受制于厂家。于是，该企业一直想推出一款自主品牌。一个偶然的机缘，该企业推出了一款减肥茶，打算借助其现有渠道进行销售。该企业在围绕该新品制定战略（如产品角色、产品定位、产品渠道、市场范围等）之时显得模棱两可，极大地限制了该品牌的未来发展。

鉴于双汇在高温肠类制品市场表现优异，其竞争对手雨润也想借此挺进休闲灌肠制品市场，以求与双汇共分一杯羹。事实上，虽然雨润曾经推出过一款休闲产品"活力棒"，但该产品的市场表现远不及双汇的"玉米热狗肠"。

通过以上案例可以发现：产品之所以有比较低的成功率，其根源在于缺乏整体的战略思考，只是把产品当作单纯的"产品"。而产品想要获得成功，企业就需要从全局出发，对业务单元进行全面经营，包括研发、采购、生产、市场、销售以及物流等一系列环节，这是一项极其复杂的系统工程。正是因为产品的复杂性，成功的产品才无法复制。

一款产品取得成功，并不意味着其后续产品也可以取得成功。道理非常简单，因为成功都带有特定时期的烙印，时代背景发生了变化，结果也自然不尽相同。

一个产品想要取得成功，必须拥有自己的产品运营模式，不同时期所推出的产品，其运营模式也应该有所不同，企业应该根据各个时期的市场特性与发展阶段，从企业整体战略出发，为产品设计一套适合的营销模式，这才是成功的关键。

伊利安慕希酸奶之所以成功，除了优秀的产品本身，还应该归因于其娱乐营销模式和围绕着浙江卫视《奔跑吧兄弟》这档真人秀节目进行的整合营销传播。

王老吉制定"不上火"的定位后，采取立体营销模式：在"空中"实施大规模广告传播，在"地面"则主要针对餐饮渠道实施深度营销，由此推动了产品的最终成功；香飘飘依靠校园营销开发市场，同时在传播上运用音乐营销策略，在无形中占据了消费者心智。

这些成功案例都印证了产品的成功之道不在于产品本身。每年市场上涌现的新产品数不胜数，但真正破茧成蝶者却寥寥无几。尽管产品失败的因素不止一个，但其中关键的原因是：企业看待产品过于孤立，在推出产品后，并没有对渠道、客户以及营销团队做出相应的调整。这种"思维定势"在相当大程度上增加了产品失败的概率。

洞察需求，找准单品切入点

美国未来学家奈斯比特说，成功不是因为解决了问题，而是因为抓住了机会。从对消费者需求的洞察、挖掘与创造的角度而言，机会主义永远不会过时。如果说洞察机会是品牌的切入点，是品牌的原子核，那么洞察需求则是战略单品的切入点。如果可以通过发现消费者需求、挖掘消费者需求，引领消费者需求，推动战略单品的创新，去满足未被满足的市场机会，那么，战略单品的推出，将为品牌创建的成功奠定坚实的基础，而这，也正是战略单品概念的关键一环。

1. 发现消费需求

知己知彼，百战不殆。大工业社会创造了生产引导消费的经济流通格局，消费者是被标准化产品指挥的"群氓"，生产商是主人；现在，生产过剩引起消费的变革，需求导向性的凸显推动着商业模式的变换，消费者成为了产品的主人。

因此，战略单品的推出，一定是先基于消费者的崭新需求，发现尚未被人发现的崭新市场，创造出某一方面先入为主的优势，这就是战略单品的需求思维。

唯品会是一家专门经营名牌折扣商品的 B2C 企业，成立 6 年来实现了爆炸式的增长。根据唯品会 2015 年第三季度财报，该季度营收 13.6 亿美元，同比增长 63%。从上市破发到变身为 6 亿美元市值的公司，唯品会可以说是中国最不可思议的电商之一。因为专营折扣商品，唯品会一度被业内人士诟病为清理库存的"下水道"，那么这一"下水道"通过数年的发展，是如何率先实现盈利的呢？

抛开其"闪购"模式、饥饿营销及完善的售后服务体系不谈，唯品会的成功之道在于，与其他大中型 B2C 网站不同，唯品会并不是传统的网络销售模式，而是将自己定位于一家专门做品牌特卖的网站。品牌特卖网站其实并不是什么新鲜事物，在美国等西方国家，网上特卖产业已经发展得非常成熟，例如美国的 TJ Maxx 和 Ross、法国的 Vente - privee 等都是非常成功的大型线上特卖网站。在我国，"特卖"主要停留在商场的个别商家促销，专业特卖场非常少见，专攻特卖的 B2C 网站更是几乎没有。而以低廉价格淘到心仪品牌的商品，不仅外国消费者有这个需求，中国的消费者同样有这个需求，甚至更为迫切，但是我国却并没有出现能够专业、有规模地为消费者提供低折扣优质品牌产品的平台。用户购买打折产品的诉求长期存在，却一直得不到满足，于是市场出现了空白区域，唯品会正是瞅准了市场空白带来的商机，将自己定位于专门提供品牌特卖的网站，低至 0.5 折的价格确实迎合了多数消费者品牌与优惠兼得的心理。

唯品会定位于品牌特卖，除了填补为消费者集中提供打折商品的市场空白，同时还为各个品牌商提供了一个体面地处理库存的平台，解决供货商面临的问题，从而保证了货源的供给。2012 年，中国服装品牌的库存危机浮出水面，品牌供应商和唯品会之间的互利共赢关系更加紧密——供应商提供价格低廉的商品，唯品会提供一个平台帮助供应商消化这些库存。有人说唯品会是搭上了服装品牌库存危机爆发的顺风车，其实这并不准确。库存问题是一个常态问题，在美国，成熟且发展好的服装品牌在卖完一个季度后，一般还有 20% 的存货。而且，一个品牌从设计、采购、生产到流通的时间很长，一般需要 12～18 个月，周期如此长，也意味着库存永远存在。即使没有库存危机，品牌商也需要一个平台解决这个常态问题。可以说，唯品会选择"品牌特卖"这片蓝海是其成功的关键一步，上游有品牌供应商持续、稳定地提供低价货源，下游是渴望能够以最低的价格买到知名品牌产品的消费者，唯品会充当了整个链条中长期缺失的一个重要纽带。

成为音乐手机代表的 OPPO 手机在国内市场的成功也并非偶然。在国内手机企业大多都缺乏技术投入和积累的背景下，OPPO 没有简单地"山寨"国际品牌的产品，而是另辟蹊径，注意到手机市场的新兴消费人群——80 后和 90 后，从品牌概念、产品定位、传播推广方式等方面无一不精准地指向这个市场。其产品突出时尚的外观、超强的播放效果、高清的屏幕和保真的音质等特点，而这些特点正是新一代年轻消费者对手机使用需求的最关键价值点。

2. 挖掘消费需求

深挖消费者潜在需求，开辟新的市场，应消费趋势而推出战略单品，同样是以战略单品为核心经营品牌的重要策略。

《爸爸去哪儿》的火爆，也让其赞助商思念食品人气大增。节目中，田亮在做午饭时拿出了一袋思念牌中华面点小猪包，他女儿十分喜欢。节目播出后，许多观众都奔向最近的超市去寻找小猪包尝鲜。这让我们感受到一个好的产品营销创意具有强大销售力的同时，也更加说明，产品是基于消费需求而存在的，任何一种产品的火爆都对应着一种潜在的消费需求，思念中华面点推出的小猪包正是如此。当 80 后的"小皇帝"们有了自己的"太子"时，过去的消费需求已经悄然发生变化。在 80 后孩提时，家长们的需求是能吃饱、口味好、够健康。如今，80 后成为家长，他们追求的不只是口味和健康的基本物质属性，更追求趣味化、个性化、娱乐化的精神体验。思念小猪包正是凭着对这种精神层面需求的挖掘以及对消费需求的满足，直接将其他的竞争对手远远地甩在了后面。

3. 引领消费需求

亨利·福特有一句名言："如果我最初问消费者想要什么，他们会告诉我，想要一匹更快的马！"让一直骑马的消费者意识到他可以拥有一辆汽车，这才会彻底改变他们生活的需求，或者说，这就是对消费者需求的创造与引领。

具体来讲，消费者的各种消费需求是一个随社会环境、条件及个人生活追求变化的生态系统。企业经营的产品或服务，只可能作用于这个需求体系中的一个或数个环节。因此，企业要站在顾客生活的角度，从物质与精神、生理与心理以及个人与社会等多个维度，系统地研究顾客消费需求，并在这个基础上，用永无止境的创新、创造引领消费需求，提高战略单品的竞争力和盈利能力。

进一步讲，主动创造就是满足消费者对更美好生活的追求。消费者许多时候并不知道自己需要什么商品，但对美好生活的追求是无一例外的。企业要意识到自己销售的不再是商品，而是一种能够触及消费者内心深处的体验，商品仅仅是一种载体。

同样以宝洁为例，吉列湿剃须刀刚在中国推出时，面临的一个问题就是中国男性，尤其是年轻的消费者群体并不存在这个需求，他们认为电动干剃须刀比手动湿剃须刀更方便，而且他们觉得用手动湿剃须刀不够新潮。如何让年轻的消费者意识到，用手动湿剃须刀可以剃得更干净，也更清爽，并且说服他们使用湿剃须刀？调研人员通过与他们相处后发现，虽然天天剃胡须，但是用湿剃须刀还是用干剃须刀对他们而言并不是一个特别值得关注的问题。他们的兴趣一直集中在运动、汽车、技术和异性方面。于是研究人员另辟蹊径，研究女性对男性使用剃须刀的看法。结论是，大多数女性觉得使用手动湿剃须刀的男人更性感。这个结论被转换成一场以"性感"剃须为主题的营销活动。在推出一年半以后，吉列湿剃须刀业务实现了17%的增长。

帮宝适作为宝洁在中国最成功的战略单品之一，在1997年被引进中国市场时，宝洁中国区的负责人花了很大力气说服董事会，因为中国的消费者以前不使用纸尿裤，绝大部分消费者认为布比纸好。所以帮宝适进入中国市场面临诸多挑战，在最初几年业务毫无起色。

如何创造并引领这一消费需求？宝洁面临的第一个问题是，纸尿裤的直接使用者并不能说出对产品的感受和期待，但是婴儿的母亲是购买纸尿裤的决定者。当婴儿不到5个月时，妈妈们每天晚上至少要醒来两次给婴儿喂奶或者换尿布，非常辛苦。于是，宝洁与中国的上千位母亲、儿科专家和医生一起研究纸尿裤产品如何帮助母亲。研究的结论是，因为纸尿裤能让婴儿的屁股保持10小时干爽，所以能让婴儿的睡眠更好，母亲也免去频繁换尿布的辛苦。更重要的是，良好的睡眠能让婴儿发育得更好，这一点立即引起了重视孩子成长的中国妈妈的注意。宝洁因此得到了"金质睡眠"的标签。虽然纸尿裤的作用还是一样的，但是"金质睡眠"这个概念大大加强了产品的功能和消费者的相关性。宝洁由此开展了以"金质睡眠"为主题的广告推广活动，帮宝适业务开始全面提升，过去10年在中国都保持两位数的增长。

《消费社会》的作者鲍德里亚说：消费主义指的是，消费的目的不是为了满足"实际需求"，而是不断追求被制作出来、被刺激起来的欲望。一切以消费者短期需求为核心的创新和科技会加速发展，而一切违反这一原则的创新和科技都会被无情淘汰。

所以，在体验经济时代，企业发展面临更大的挑战，同时也拥有了越来越多的发展机遇。企业要想扩大发展空间，创造需求比满足需求更重要，一旦成功创造出需求，企业就能抓住市场潜在的盈利机会，果断推出战略单品，引领一种新的消费需求，在激烈的市场竞争中脱颖而出，实现持续盈利。

让顾客失去理性，爱上大单品

人类常被情感左右。一句深情的话、一个温馨的画面、一个动人的故事等都可以改变人们的观点和做法。人们也总爱寄情于物、以物传情，希望借助物品表达对家人、亲戚、朋友的真挚情感和美好祝愿。买哈根达斯，买的不是冰淇淋，而是爱情的甜蜜一刻；买百合，买的不是鲜花，而是母亲的笑容；买 iPhone6S，买的不是手机，而是潮流的生活方式。人的需求多种多样，但无论哪一种，都与情感有关。

物质经济时代已经过去，过去的营销是"以理服人"。如今经济迅速发展、竞争日益激烈，一方面，人际关系日益淡薄，社会普遍出现"情感饥渴症"；另一方面，随着人类情感的饥渴，人们对情感回归的渴望、精神愉悦的追求、个性服务的期望与日俱增。在情感消费时代，消费者购买产品看重的不再是"好"或"不好"，"贵"或"不贵"的理性观念，而是基于"喜欢"或"不喜欢"的情感态度观念，是为了感情上的满足、心理上的认同。

1. 情感营销：三大必要性让你无法抗拒

（1）赋予品牌灵魂，打造独特的品牌魅力。每个品牌都有独特的个性，这与品牌无关，与品牌缔造者的使命有关。可口可乐在以止咳药水为初衷诞生的那一刻，并不知道日后会成为广受全球热爱的"快乐汽水"。产品是死的，然而品牌是活的，一个品牌从命名、设计LOGO、包装、进入终端，到最后出现在消费者面前，这段漫长的旅程有说不完的故事。

钻石，是情感营销中最大的谎言，也是最大的成功。一句"钻石恒久远，一颗永流传"将戴·比尔斯成功塑造为恒久爱情的见证者。钻石本身并不值钱，但它决定制定一条情感营销的线路：把钻石与爱情绑定。让好莱坞名人戴上钻石订婚戒指，在八卦杂志上编造故事说谁的钻石有多大，让电影公司用钻石戒指设置情节，到高中向青年男女宣扬钻石戒指对他们的将来多么重要，钻石戒指越大质量越好，表明这个女性得到的爱越多。

（2）获取消费者价值认同，实现长期忠诚追随。毋庸置疑，这是一个情感营销的时代。消费者的消费观念已上升为追求品牌、品质、品位。决定购买的心理因素由单纯的价格、耐用变得更感性、更复杂。营销的3.0革命让品牌拥有者从投资者变为使用者，消费者不再被定义为"顾客"，而被定义为真真正正的"人"。品牌发掘他们内心的渴望，和他们树立一样的价值观，甚至通过互动给予他们参与感和使命感。早年，可口可乐推出新口味，在美国遭到史无前例的失败，消费者不仅反感，甚至愤怒，他们发起声势浩大的反对活动，抵制新口味的可口可乐。在他们眼里，冒着泡泡的黑色汽水是美国文化的一部分，他们不允许可口可乐改变。因为他们认为，那不仅改变了味道，还改变了情感和往事。通过这件事，可口可乐终于知道原有品牌对忠诚消费者的重要性。

（3）形成品牌壁垒，阻击竞争对手。品牌壁垒，正如"有人模仿你的脸，有人模仿你的面"，但是老坛酸菜牛肉面只属于统一，任凭康师傅紧随其后的"老坛酸菜＋火腿肠"豪华搭配也无法撼动其领导者地位。一旦消费者认同了品牌传递的情感，就不再会为其他品牌买单。品牌将超越生产原料、研发技术、科技创新、使用习惯，成为同行业竞争中的最佳壁垒。

2. 情感营销：你不能不知道的成功因素

情感营销绝不仅仅是给品牌虚构一个故事，或是给消费者提供一个美好的憧憬。成功的情感营销是一门艺术课程，这门课程有七大规律。

（1）情感定位。情感定位从品牌的源头决定了你和别人不同。在品牌的顶层设计里，你可以决定做一个卖力气的企业，或者卖眼神的企业。制定一个适宜发展的情感战略，记住，别因为你的成分所以你很贵，只因为拥有了以后能拥有什么样的生活。

（2）情感设计。看无印良品 2014 年的获奖作品，感动至今。别人对无印良品的理解是极为简约，其实是人性化，任何产品设计都比使用者想得多。打开后成为一块布的鞋子，随时放在包包里，极其轻便；最了解你的肩膀的背包，可以根据不同时期的肩膀高度调节。某矿泉水瓶口的方形设计，增大摩擦阻力，让女性也能方便拧开。

（3）情感广告。三星手机的广告说："你看我的功能更多，屏幕更大。"国产手机的广告说："你看我的声音很大，价格便宜，双卡双待，还摔不坏。"苹果手机的广告始终说："你看我的线条多美。"虽然在调查问卷中没有人愿意承认自己确实会受广告的影响而购买产品，但广告中所描绘的生活场景的确让人向往。

（4）情感促销。情感促销指能满足消费者情感需求的促销活动。有没有可能在春运的时候推出特价机票？在情人节的时候兜售不涨反跌的玫瑰？放弃所有人都在高峰期赚取的利润，在积累了品牌好感度后，利用长效销售赚取更多的利润。

（5）情感公关。你还记得是什么让加多宝一夜之间红遍大江南北的吗？没错，汶川地震豪气捐款 1 亿元！锦上添花虚度日，雪中送炭能救命。危难当头，民族使命感和责任感让这个品牌人气爆棚，并在日后成为其他品牌学习的楷模。

（6）情感环境。消费是一个充满感性的过程，良好的购物体验确实能提高成交率。带有儿童游乐园的购物商场已成为趋势，有什么比照顾好宝宝更能让主妇安心刷卡的？

（7）情感服务。所有的营销最终都会走向服务。消费者并不是获取利润的来源，而是品牌的共建者，不要想着怎么从他们口袋里赚取更多的钱，而要想着怎么为他们做更多。换位思考常常能带来出乎意料的收获。

3. 情感营销：触动人心的购买理由

（1）兜售情谊。亲情、爱情、同窗情、战友情，每一种情谊的诞生本身就是动人的故事。情人节的巧克力、母亲节的康乃馨、儿童节的麦当劳套餐都紧抓消费者敏感而多情的感性神经，就像礼物，无论其具备多少实用功能，一切都源于心底的那份情谊。"你不能拒绝巧克力，就像你不能拒绝爱情。"这是德芙巧克力的宣传语，它像恋人一样懂消费者的心。除了包装精美、口感丝滑的优点外，该品牌背后还流传着一个人尽皆知的故事：品牌创始人莱昂为了纪念他心爱的芭莎公主，苦心研制了固体巧克力，每块巧克力上都刻着对芭莎的深深依恋"DOVE"，这就是"DO YOU LOVE ME"的英文缩写。这个故事打动恋爱中的男女，全世界越来越多的人爱上因爱而生的德芙。当情人们送出德芙，就意味着送出了那份"DO YOU LOVE ME"的深深爱意。

（2）兜售快乐。追寻快乐是人类的本性，是一个人从内而发的情感，企业借助不同的感官体验带给消费者快乐，以此达到情感上的共鸣，并俘获消费者的心。被世界公认为第一快乐公园的迪士尼乐园，以唐老鸭、米老鼠为代表的动画人物源源不断地生产快乐；再通过具体化、真实化的公园场景诠释快乐，让消费者从感官体验上得到满足；最后通过员工角色化的互动和完美服务，加深消费者对故事情节的印象及体验，维持快乐。显然它成功地将快乐文化根植在全世界消费者心中，通过贩卖快乐获取利润，受到世人追捧。

（3）兜售激情。曾风靡全国的"疯狂英语"就是一种激情，激情让人热血沸腾，给人自信，促使人们更加坚定地投入到英语学习中；汽车广告无一不是通过强烈的视觉冲击带给人们激情畅爽的驾驭体验，释放"超越极限"的激情，正是这种激情激起了男人拥有它的冲动；碳酸饮料也充分诉说着"激情"的魅力，特别是功能性饮料："激活"、"尖叫"、"脉动"……无不挑起人们尝试的欲望，让年轻的消费群体蠢蠢欲动。

（4）兜售回忆。随着受众年龄的增长，有一种情怀逐渐弥漫在人们的周围——怀旧。70后回忆样板戏、小人书，80后回忆儿时的房价，在多元化、快节奏的时代下，人们有渴望回归的需求，而怀旧带给人的是一种亲切的情感氛围，是心灵回归的港湾。说起南方黑芝麻糊，人们会想起那个抱着碗津津有味地舔芝麻糊的广告镜头，广告流露出来的浓浓温情，让人怀念起故乡的淳朴，让人觉得品尝的不仅仅是芝麻糊，更是家的味道。"不卖产品卖回忆"，对拥有足够历史及怀旧元素的产品来说，"回忆"无疑是具有优势的。

（5）兜售梦想。以创新闻名的"苹果大王"——乔布斯有一句话广为流传："我们兜售梦想，而不仅仅是产品。"人们总是向往梦想的，因为它是美好的希望，却又在遥不可及的未来。如果你的产品能够承载消费者的梦想，用温情打动消费者，让他们感觉梦想好像已经实现了，他们又怎么会不心甘情愿地买单呢？卖香烟的万宝路销售美国西部牛仔生活的梦想；海飞丝带给你自信、果敢的精神梦想；宜家满足了消费者自由自在享受购物乐趣的梦想；

碧桂园赋予你一个五星级家的梦想……人们无不争先恐后地为这些梦想买单，只要你的设计刚好吻合他们心中所想。

单品动销：在终端卖动起来

动销，即拉动销售，指在营销的渠道终端，通过一系列的营销组合手段，提高单店/单点销售业绩的方式。促销是动销的方式之一，动销的手段和方式远超出促销的范畴。动销是企业和代理商配合的一个过程，通过总部输出、代理商执行实现，店内动销、店外动销双重结合，从而真正地将销售从店内拓展到店外。

战略单品动销为什么很重要？这些问题，是战略新品创造出来并铺货以后，在新品上市阶段要解决的首要问题。

中国市场并不缺乏新产品，甚至也不缺乏战略性新品，但是，却缺乏存活率高的新产品。根据统计资料显示，中国每年有成千上万种新产品上市，但新品存活率还不到10%。原因在哪里？

是因为产品不能满足消费需求吗？中国企业这几年孜孜不倦地研究产品，对新产品的开发也算是小有心得，还不至于千辛万苦开发出来的新品与消费需求对不上号。

是因为没有请代言人、没有打广告吗？也不是。很多中国企业仍然迷信"天上打广告，地上铺渠道"的营销定律。他们甚至认为广告比渠道更重要，在广告方面非常舍得投入，哪里会是因为没有广告而导致新品存活率低呢！

是因为价格太高吗？更不是。中国企业在推广新产品的时候，往往有一个求快的心理，因此，很多企业在新品上市之初，就会采取"价格战"和"促销战"，严重透支产品价值。

其实，在新品上市的战场上，从来就没有什么救世主，从来就不靠神仙和皇帝，也没有"广告一响黄金万两"的好事。新产品从来不会自动卖疯。新产品的卖疯全靠动销。新品动销，是战略单品销量从无到有、从小到大的保证。

所谓动销，顾名思义，就是"产品在终端卖动起来"。只有产品在终端卖起来，才会实现渠道和消费者的重复购买。

中国企业在新产品上市的时候，往往会急于求成，希望新产品的上市是"一锤子"买卖。他们想当然地认为，先集中资源参加展会快速招商，然后再猛砸广告费，似乎新产品自然就会畅销。

这是企业一厢情愿的想法。

每一个战略单品，从推出到爆发，都是一个漫长的过程，大概需要 5 ~ 6 年。例如，老干妈辣椒酱，从推出到销售 6 亿元，用了 7 年；红牛饮料从推出到销售 1 亿美元，用了 9 年；泰昌足浴盆从推出到销售 3 亿元，用了至少 10 年……

因为战略单品的爆发时限较长，所以，企业在战略新品刚上市的时候，战略单品创建的核心目的是积聚产品势能，至少需要 3 ~ 5 年的耐心培育。而这种培育，从一开始，更多的是促使战略单品从无到有、从小到大、从慢到快地慢慢卖动起来。这就是动销。

战略单品的首次动销，决定战略新单品的命运。

第一，每一个战略新品的推出，都是对原有消费习惯与思维定式的突破；而习惯是最难改变的，因此，要突破消费习惯和思维定式的障碍，企业必须用尽九牛二虎之力。

消费者在选择一个产品时，往往需要经过认知、认同、认购的过程，一旦完成这个过程，消费者就产生了一定的消费惯性，比较难以改变。消费者对过去使用的旧产品或者老产品，产生了思维定式甚至是使用习惯、情感崇拜，我们称之为"路径依赖"。有了这种"路径依赖"，消费者就很难接受其他性能品质差不多甚至更好的产品。

俗语有云："功不十，不易器"，就是说没有10倍的用功，人们不会轻易更换器具，足见消费惯性的强大。

第二，任何新产品的上市，都应该先突破意见领袖这个点，先让意见领袖消费起来，这是关键。

新产品刚上市，先产生兴趣并尝试购买的总是极少数人。在这极少数人中，有一部分是具有一定话语权和影响力的意见领袖、时尚先锋。如果能把这些消费种子快速拿下来，他们就可能影响其他消费人群。

集中资源培育这15%的意见领袖，让他们实现动销，就能快速撬动其余70%的大众消费人群。所以，企业对战略新品的培育时间，一定要挺过15%这个阶段，不能半途而废。否则，就会前功尽弃。

第三，只有终端产品动销了，渠道才能实现回货，才能出现渠道的良性循环。否则，产品积压在渠道和终端，不能实现良性回货，新品自然就不能存活。

所以，什么是动销？动销，就是促使渠道和消费者重复购买的策略与方法。渠道和消费者的重复购买，是产品动销的两个基本驱动力。

因此，战略新产品，甚至是任何新产品上市，企业的首要策略不是打广告，而是将有限的资源全部集中到渠道和消费者重复购买这两个环节中。让渠道先动起来，然后再让消费者动起来，打通这两个环节，战略新品才实现了第一次"啼哭"。

可以这样讲，创造出战略单品，只是意味着一个婴儿的出世，并不意味着这个婴儿一定能存活；但是，战略单品实现了动销，就意味着这个婴儿有了第一声啼哭，代表着战略单品存活下来了。

【大单品例证】

黄飞红：单一产品创造的奇迹

一个品种十分单一的产品，在没有品牌优势，没有销售渠道，甚至没有销售经验的情况下，如何打破瓶颈，找到突破缺口，开辟出属于自己的市场？这是现在市场经济体制下许多区域性的小品牌都要面临的一个十分现实的问题。

近年来，山东烟台的黄飞红麻辣花生迅速崛起，一炮而红，成为许多都市办公室的流行食物，一时不少人竞相推荐，真可以说是一个奇迹。尤其是在休闲食品市场更迭频繁的今天，一个单一品类产品在没有任何广告、营销等宣传手段支持下能够迅速得到白领等高端人群的青睐，作为一个地方性产品，黄飞红麻辣花生的成功之道令每一个人深思。

我们相信，许多人都注意到了黄飞红产品的一些打破常规的做法，简而言之就是会借助"微博"这一新媒体的力量。没有人可以说清楚微博在现代商业发展中究竟会起到什么样的作用，但是可以肯定的是，新媒体对现代商业发展的作用越来越不容小觑。而黄飞红品牌传播机会得以几何级数增长，在很大程度上的确是借助了微博的平台。随着社会的不断发展，办公室白领已经成为网络购物的主力人群，从服装、鞋子到彩妆、护肤品，再到3C数码，都是上班族的网购目标。2010 年，黄飞红开始进入这个平台。

据调查，截止到 2016 年初，中国有近 13 亿手机用户，6 亿微信用户。月度总共浏览时间已经接近 1 亿小时。这是一个十分巨大的商机，互联网经济的发展，证明哪里有眼球哪里就有商机。更何况是微博这种风靡全球的互联网产品，更成了很多人眼里的财富金矿。

除了受众范围广、精确营销外，传播速度快、影响力大是微博的另一大优势。一个成功的案例是，黄飞红在微博上开设的"圣诞抢楼活动"，规则是加关注成为黄飞红的粉丝，评论并转发此微博，凡楼层尾数逢 50 或 100 的即可获得一箱黄飞红麻辣花生。根据统计数字表明，参与此次活动的评论有 9241 条，转发达 7407 条。不过是 500 箱麻辣花生的成本就可以让过万人关注自己的产品，相比商家绞尽脑汁、巨额投入的营销推广，微博让黄飞红实现了花很少的钱办很大事情的目标，这一成功让不少商家大跌眼镜。

如今打开综合电子商务平台"1 号店"的首页，搜索栏的默认输入即是黄飞红，惹得即便是不了解黄飞红的消费者都忍不住去一看究竟。口碑对于一个品牌来说，是消费者对于产品最大的认可，如何建立消费者口碑，成为很多消费品企业关注的重点。从点评类网站、消费体验等的兴起也可以看出消费者对于产品选择方式的转变，不再是非理性的冲动性购买，而是更加理性，更加注重产品的口碑。过去只是对高科技产品，消费者因为专业性知识不足而依靠论坛或专业网站的口碑来进行购买决策。互联网时代到来后，对很多基础类的消费品如食品的选择，消费者也越来越相信口碑。黄飞红的成功或可说是利用微博的成功，但其中更重要的无疑是黄飞红在网络口碑上的成功。

当然，黄飞红能够吸引消费者，还是因为其产品口味的独特性。事实上大多数人也是因为其好吃，味道像"水煮鱼"才被吸引的。另外，还有那颇为神采飞扬的名字，在网上搜索关键词的时候，一度黄飞红甚至超过黄飞鸿。

基于产品原料是黄豆、小麦、脱皮花生等，它们外观都是黄色的，所以叫"黄"。而辣椒是红色的，"黄飞红"寓意是给传统产品带来一抹红色而显得喜庆、热情洋溢。因为定位高端，黄飞红按照每盎司 28～32 颗的规格来选择花生，果仁色泽鲜艳，颗粒饱满，大小均匀。同时，选用的四川花椒和麻椒也是市场上很难买到的品种。对于原材料的筛选，从源头上进行严格的管控。专门派技术人员到花生筛选的工厂做监督工作。由此才保证了所生产的口味符合现代都市人的习惯。

调味品或者菜肴的路线很窄，市场销量增长得会很慢；而休闲食品路线无比的宽，一个点打穿打透就可以迅速爆炸。重点强调和塑造花生的休闲食品特性，处处包装这个概念，定位的创新是黄飞红最大的亮点。他们选择麻辣口味正是基于川菜在中国大江南北的适应性与普遍性，认为这样的口味能够满足大多数人的需求。

其实，黄飞红的口碑传播都是消费者的主动行为，这一点是非常难能可贵的。这当然得益于社会化网络，特别是微博在国内的广泛应用。这又离不开其所定位的目标消费群体，正好是喜欢传播又具备传播能力的一个庞大人群；然后还得益于这个产品的性质，休闲食品的话题健康、时尚，正好是适合传播的话题，也是做促销的好工具。而且，这样的产品和话题，还特别对那些办公室里易感人群的口味。另外，黄飞红在传播过程中也制造了一些噱头。在黄飞红麻辣花生包装上有几行文字，告知消费者"花椒要珍藏"，可以收集起来炒菜，都是一些比较适合撬动传播的噱头。

黄飞红家族成员之一的黄飞红麻辣花生自 2007 年上市以来备受关注，销售业绩屡创新高，2014～2015 年，黄飞红麻辣花生一度成为网络最热卖零食，成为淘宝网、1 号店、京东商城、卓越网等各大 C2C、B2C 网店零食排行榜之首，各大媒体对此争相报道，《第一财经周刊》报道："黄飞红为什么这么红?"《新食品》杂志专访:"黄飞红,从网络红到商超。"更有中国台湾TVBS电视台记者专程到大陆采访风靡中国台湾的黄飞红,一时间"黄飞红"成为办公室白领热议的话题,一致评价:黄飞红非常好吃。

黄飞红家族成员之一的黄飞红香脆椒自上市以来,一直得到广大厨师朋友的厚爱,在菜品创新的舞台上,黄飞红不断探索,并为厨师朋友提供"黄飞红金牌创新菜谱",将创新奉为核心精神的黄飞红,希望为中华厨艺的发展贡献自己的一己之力。

黄飞红家族成员之一的咋么啦花生脆,精选山东落花生为原材料,天府之国的花椒和火红小辣椒为辅料,配以欣和家族独家秘方,现代配方结合传统工艺,经过十几道工序秘制而成。用以独创切碎、碾压技术,专为产品量身定做的国内最先进的全自动不锈钢生产设备,率先引进铝箔充氮包装,保证了产品的安全和质量,从而制作出了集甜、香、麻、辣、酥、脆于一体的具有特色味道的甜麻辣花生脆,色泽自然、香脆爽口、甜而不腻、酥而化渣、麻辣过瘾。

致力于改善人类生活品质的欣和人,本着朝气、诚恳、创新的理念,不断创造出一个又一个新产品销售的奇迹。黄飞红咋么啦花生脆将乘着欣和企业快速成长的东风扬帆远航!让我们共同期待黄飞红再创佳绩。

都市丽人焕新蝶变

1. 内衣闯王如何基业长青

1998年成立的都市丽人,在10余年的发展历程中一直显示出蓬勃向上的姿态,从发源地深圳起步,终端门店逐渐遍布全国160个城市。然而,这位势头强劲的内衣闯王在大江南北攻城略地之后，随着消费需求和市场环境发生的巨大变化，却发现诸多不适应品牌长远发展的缺陷。

品牌层面——缺乏品牌价值规划，品牌价值塑造不足。

终端层面——终端店需要进一步提升形象及价值感。

产品层面——产品多而杂，对"品牌内衣专卖"的定位支撑不足。

营销管理层面——渠道扩张速度快，内外部沟通、协作流程及制度跟不上。

加盟商管理层面——缺乏对加盟商的培养及对其控制力不足。

产品供配层面——货品供应的区域适配性及供货及时性不符合市场的要求。

一个命题摆在眼前：都市丽人需要进行品牌重塑！如何进行品牌重塑呢？

2. 比价格更高的是价值

品牌与产品的显著区别在于产品只能提供物理使用价值，品牌却能满足消费者的情感需求，引发他们的心理共鸣。鉴于都市丽人的产品价位及主流消费人群，采纳营销专家将都市丽人定位为"大众风尚内衣"，其目标消费人群是中国分布最广、人数最多的普通大众女性。

同时，采纳营销专家提炼出品牌核心价值"爱·分享·风尚"，创造了独树一帜的品牌形象。"爱·分享·风尚"概念代表了一位亲切的邻家女孩，她引领大众风尚，对消费者充满友善与关爱，像好朋友或姐妹一般与消费者分享美丽、时尚。这一品牌形象有别于主流品牌高高在上的姿态，而是以一种平等待人的方式与顾客"分享"，满足了大众消费人群需要得到平等、尊重与自信的情感需求。品牌从单纯的"性价比高"的产品价值、功效价值、有限服务价值升级为情感、精神层面的价值。

3. 品牌形象系统提升

品牌文化如同品牌的灵魂，品牌形象如同品牌外衣，好的品牌形象能传递出品牌精髓，方便消费者识别品牌、产生好的品牌联想。提炼出都市丽人的品牌核心价值后，开始对原来的品牌形象进行系统提升。

都市丽人的新标志由 4 颗心组成，传达出都市丽人对女性朋友的关爱体贴之情，品牌与顾客彼此分享，如同朋友般知心。4 颗心组成一只蝴蝶形状，象征女性从青涩到成熟的美丽蝶变、翩然飞翔，像花一样吐露芬芳、充满魅力。

围绕"爱·分享·风尚"的核心价值，针对女性消费群体的心理特征及消费习惯，采纳营销专家将品牌视觉要素有机地融入终端环境，大到店面包装，小到系列终端物料，使品牌形象始终保持内外一致、处处统一，为消费者营造一个整洁、舒适、温馨的品质化购物空间。

4. 产品研发全面创新

产品是品牌精神的最佳载体，消费者最终通过产品领悟"引领大众风尚"的意义。都市丽人产品研发具有"细和多"两大特点。

"细"是指有针对性地细分出针对青少年女性、年轻女性的三大系列产品，无论哪个年龄段的女性都能找到适合自己的内衣。

"多"是指都市丽人产品款式丰富，跨越了文胸这个小品类，延伸到内裤、睡衣、保暖衣、家居服等多个品类。

都市丽人还特别设立国际风尚内衣设计中心，抢占风尚内衣品牌制高点。设计管理人才密切关注国际内衣流行趋势，采集各种风尚资讯，组建庞大的内衣流行数据库，为每一季新产品设计提供方向指引，自主研发设计（二次研发设计）出多种高性价比、紧密贴合时尚潮流的内衣，不断获得消费者青睐。

5. 创造超凡消费体验

终端店员努力与消费者做朋友，为消费者提供好而不贵的产品。通过都市丽人专卖店售前、售中、售后每个环节的细致服务，让消费者感觉在都市丽人购物，犹如和自己的好姐妹一起挑选最美丽、最适合自己的内衣，建立消费者对品牌的信任和忠诚。

与顾客"分享"意味着将工作内容贯彻到与朋友相处的系列环节，包括耐心地讲解（和顾客分享自己穿内衣的经验和心得）、指导试穿（为自己的好姐妹提供适合她们的内衣的建议）、推荐最适合的而不是最贵的产品等。将具体内容整理为体验手册。

6. 明星加盟耳目一新

都市丽人选择的代言人为超人气组合 BY2。BY2 为双胞胎姐妹，是豆蔻年华的花季少女，其演艺才能和形象代表了流行风尚之美。两个形影不离、相互偎依的女孩形象与强调亲和力的品牌文化融为一体，展现出品牌的"分享"精神，传递都市丽人亲和、亲切、宛如好姐妹般贴心的气质，充分演绎出品牌的时尚气息与国际化感觉。

在采纳营销专家的策划下，进行品牌重塑后的都市丽人集东方佳人的温柔婉约和西方丽人的热情灿烂于一身，绽放女人的典雅时尚之美，显示出更为强劲的生命力。

迄今为止，都市丽人门店数量已经突破 2200 家，年销售额逾 8 亿元。

第五章　战略大单品是怎样炼成的

在饮料行业，有六个核桃、加多宝的成功案例，大单品战略近年来一直备受推崇。现如今，产品同质化越来越严重，市场竞争越来越激烈，只有真正有创意、有实力的产品，才能够在这种市场环境中争取赢的机会。如何打造战略大单品呢？本章将一一叙说。

战略大单品的 DNA 测序

一款大单品的诞生，需要哪些必备的 DNA 要素呢？如图 5 - 1 所示，以下六点，缺一不可！

1. 品类概念

需求空白，衍生出大单品创新；大单品创新，需要一个品类概念来指代。例如，伊利推出的安慕希，其定位就是：希腊酸奶、更多蛋白质、更浓醇、更美味！

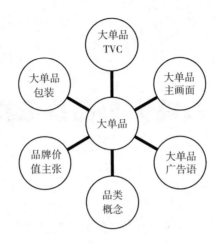

图 5 – 1　大单品成长元素

2. 品牌价值主张

品牌价值主张，就是陈述、表达大单品为顾客提供的功能性利益、情感性利益和自我表现性利益等价值。

3. 大单品广告语

给大单品一句鲜明的口号，给品牌配一个震撼人心的主张，给自己一个鲜明的个性，这是塑造大单品不得不考虑的事情。

4. 大单品主画面

一张概念清晰的大单品主画面，可以把一个大单品的精髓、卖点、诉求、承诺和气质，深深地刻在消费者脑海中。

5. 大单品包装

包装要与广告一起，共同创建和维护一个品类的特色。包装承担着传播产品属性、理性诉求的任务。包装要具备排除外界干扰的能力。

6. 大单品TVC

影视广告是大单品塑造工程中最重磅的一项工作，传播力强，投入大。所以影视广告创意和口号其实就是在表现大单品的核心概念，体现大单品的核心价值。

例如，伊利安慕希与《奔跑吧兄弟》合作，随着节目的热映，逛超市的小朋友都在喊：奔跑吧，兄弟！奔跑吧，安慕希！

如何打造自己的战略单品

一个企业应该如何打造自己的战略单品呢？我们的答案是：创新力×产品力×性价比×品牌力＝战略单品。

1. 创新力

在市场同质化、竞争日益激烈以及供过于求的现代社会，能不能在产品上不断地创新才是能否打造出战略单品的关键。

不要走寻常路，做到"人无我有"，提供给消费者独一无二的价值。由于消费者的需求不断变化，而且呈现多样性的发展方向。不管市场上的产品与服务多么丰富，总还有无法被满足的消费需求。对于企业来说，要拥有足够敏锐的市场洞察力，准确捕捉目标消费者的消费习惯与动机，推出不一样的产品和服务，才会有更大的机会成为战略单品。

战略单品的攻击力来自品类创新。什么样的产品才适合做战略单品？

首要条件就是，战略单品必须是那些市场上缺乏的产品，即品类创新产品。

没有竞争，是最好的竞争。只有稀缺，产品才会贵。

如果你的战略单品与别人雷同，那么，它还有什么竞争力呢？

战略单品的竞争力，就是来自品类创新，来自人无我有。

这个品类创新的力量包括三层含义：①战略单品满足了一种升级的消费需求；②战略单品属于新的需求与新的市场上的全新产品，这种产品与现有产品都不相同，一般不会有竞争对手；③战略单品属于大众化产品，是可以带动其他产品群的产品。

有了这三层含义，战略单品就有了力量。

产品和产品之间的竞争与产品与品类之间的竞争完全是两回事。战略单品属于新生品类的代表性产品，它在与对手竞争时，其本质是品类与产品在竞争，因此，它百战百胜。

例如，泰昌足浴盆的品类创新，渔禾岛紫菜的品类创新，王老吉的品类创新等。

2. 产品力

对于普通产品而言，产品力最重要的指标在于产品的品质。产品品质作为产品力的基础，是所有品牌成功的基石，最能使消费者对一个品牌满意的因素是品质，而不是市场占有率或营销花费等其他外在因素。

企业的产品力才是战略单品成功的关键。

随着市场竞争越来越激烈，消费者理性消费时代来临，一个比拼实力、注重产品品质与注重价值创新的时代逐渐清晰明朗，所有绚丽产品的炒作瞬间失去了所有光彩，炒卖时代宣告结束。

3. 性价比

战略单品的竞争力还与高性价比息息相关。当然，这里所说的性价比，与"新品类、新架构、高价格"模式并不冲突，它不是指产品降价销售，而是指战略单品的固有价值要远远高于其实际价格，即让消费者用相对较低的价格，购买到更高价值的产品，不仅能满足消费者的需求，更能超越消费者的期望。

4. 品牌力

如何才能让产品更加畅销、长销、高利销？品质是基础，创新是武器。所谓产品品牌的塑造，就是指必须打造强大的品牌力。

品牌力主要是围绕战略单品的核心价值延伸出来的产品诉求、品牌个性以及品牌形象等。品牌力通常是企业系统规划、苦心经营与刻意打造的杰作，需要企业始终坚守品牌核心价值，每一次广告或公关活动、每一份宣传材料或某个画面、每一个符号或某一个字都为强化品牌核心价值而加分。

总之，一个单品的成功，是整合营销传播的成功。通过各种推广手段的综合运用，线上线下的配合，才能使企业的大单品迅速在大江南北销量大增。

大单品打造六大法则

下面介绍大单品打造的六大法则。

1. 法则一：创建新品类

从创建新品类上寻找商机，下面看看"盼盼"法式小面包的案例：

当年，盼盼研发出了两个拥有专利技术的创新产品，一个是可以长期保存的烘烤类小面包，另一个是颗粒状小麦膨化食品。当两个产品同时摆在眼前的时候，盼盼陷入了两难。

烘烤类面包在日常生活中已经得到了普及，成为早餐食品、下午点心及家居、出外旅游的主要选择。更值得一提的是，盼盼此次推出的小面包具有一个极大的优势，其保存时间长达9个月，这一点大大突破了常规面包保质期较短的局限性；另一个新产品颗粒状小麦膨化食品则因其非常适合电脑游戏一族在游戏时简便食用而被看好，其作为游戏类食品正大行其道，市场势头看似较为乐观。

久拖不决之下，有人提出两个产品一齐上，既抓住两个机会，又有效降低风险。但多年的食品行业经验已经给我们太多的启示。以盼盼当前的资源和能力很难保证两个新产品同时获得成功，同步推出反而可能因为严重分流资源而导致双双失败。更何况，在此之前"单品突破"已经成为我们的大政方针和根本原则，国内其他企业的单品突破成功案例历历在目，这一策略根本毋庸置疑。倒是此前撒胡椒面式的资源分配让盼盼尝够了苦头，产品推了不下一百个，产值却只有几亿元，投资效益严重偏低。

在此之前，蛋黄派通过达利园、好丽友等品牌的大力培育，已经成功做到了近百亿元的市场容量。蛋黄派此时已经流行了近5年，久而久之，消费市场开始对蛋黄派逐渐失去了原有的兴趣。要知道，单一的产品天天吃、月月吃、年年吃，确实难免令人乏味。但由于蛋黄派的盛行而逐渐养成的早餐食品、下午点心及外出旅游主食的消费习惯及消费人群已经成形并初具规模。

这个市场迫切需要一些同样有营养、方便、口感好的新产品出现，毫无疑问，盼盼这款烘烤小面包最为适合。

追溯面包的发源和发展历史，我们发现，面包这种点心是 15 世纪末瑞典公主嫁到法国王室成为皇后之后，在她的大力倡导下，王室的烘焙师才开始研发各类烘焙食品，这其中做得最多、最普及的是就是面包。

此后，面包作为西式点心自 19 世纪末传入中国后，经过近 1 个世纪的流传，已经渗透到了每一个消费者心中，面包的西式点心属性已经成为大众的思维定势。而在这个思维定势里，大多数人最认同法国面包的正宗地位。另外，在所有中国消费群体的印象里法国当之无愧地成为最浪漫的国家。

最后定位——法式小面包。

2. 法则二：与竞品差异化

从形式到内容的区别上寻找商机。鲜果粒就是成功的案例，如图 5 - 2 所示。

图 5 - 2　鲜果粒竞品差异化战略

鲜果粒的广告口号"饱满果肉嚼得到",直接和可口可乐出品的果粒橙的"特加柔取的阳光果肉"的经典广告语交上了火,暗示果粒橙的果肉有残缺、不完整、量不足。而鲜果粒的果肉可以"嚼",使果肉饮料的消费价值不断提升,显得针对性很强。因此在这轮五星的产品概念比拼中,鲜果粒运用的"优势"虚拟价值策略不仅针对性很强,而且处处后来居上,后劲十足。

3. 法则三:趣味创新

现在谁是中国糖果最大的消费群?是80后、90后。左右他们吃糖的因素是什么?是价格吗?是品质吗?是传统老字号吗?都不是,让80后、90后决定吃不吃糖的是快乐、有趣、时尚和新颖。这种趋势和变化被一个叫安得利食品公司的企业敏锐地抓住了,推出一款叫作Q心奶皮的糖果,宣告糖果第一次以"精神伙伴"的身份融入生活,给糖果行业的文化注入了新活力。

Q心奶皮用独有的工艺融合奶糖、QQ糖、水果糖三者的特色,介于糖果与休闲食品之间,既清香Q爽又甜软可口,口感富于变化,随着口感的层层转换,也带来了多种心情的变换!

在营销上安得利围绕"心情糖果屋"的核心概念,融入"心情女孩"和"快乐大叔"的个性元素,进行了生动的情感演绎。

4. 法则四:配料创新

从健康、美丽的角度寻找商机。仰妍即溶花粉就是成功的案例。

原始形态的花粉缺乏精细处理,不时尚,吃起来太麻烦。原味花粉口味太差,没有几个人能受得了花粉的味道,不论是冲水也好,还是直接入口,消费者都很难接受。

部分消费者使用花粉后出现过敏症状，导致女性消费者不敢使用。

现在市场上销售的花粉，产品形态落后，包装缺乏时尚感，难以成为潮流。颐寿园终于推出全球首款即溶花粉饮品。选择"仰妍"作为品牌，开发出"原味、可可味、橙味"三种口味，全方位满足白领女性需求！

5. 法则五：吃法上创新

从口味上寻找商机，"加一个蛋，改变吃法"。今麦郎上品就是成功的案例，如图 5 – 3 所示。

图 5 – 3　大骨面：吃法创新

经过市场调研后发现，消费者吃方便面加东西已成一种习惯和规律。"在方便面里加什么东西才好吃"的网络调查结果显示，超过半数的人都选择了蛋。加一个蛋意味着方便面有了营养，在中国老百姓的生活习惯里，面有蛋才好吃。

综观方便面产业,一直以来都是"无料"的,今麦郎在市场分析之后开始倡导有"实物"的市场走向,从以前消费者吃方便面只能品口味,根本无法吃到实实在在的"实物"过渡到了"有料"时代。

6. 法则六:包装物创新

从时尚的角度寻找商机,锐欧鸡尾酒就是成功的案例,如图5-4所示。

图5-4 锐欧鸡尾酒的创新包装

锐欧鸡尾酒在电视剧和综艺节目中大量植入广告,成功晋级到预调鸡尾酒销售榜单的第一位。看着屏幕上红红绿绿像果汁一样的锐欧鸡尾酒,许多没有饮酒习惯的时尚男女都想一尝为快。看着就赏心悦目,不喝也舒坦,是目前饮料包装的新趋势。

精准的定位是大单品首创之关键

下面介绍产品定位的方法与技巧，如图 5 - 5 所示。

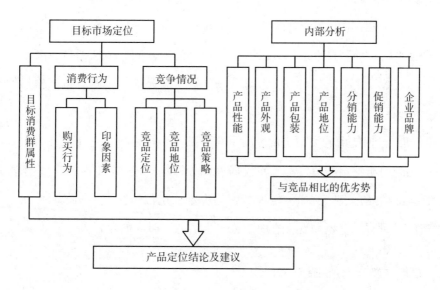

图 5 - 5　产品定位

1. 市场定位的方法

市场定位的方法很多，每一个企业应根据自己经营的产品不同、服务对象不同和所处竞争环境不同等因素来确定应采取何种方法。大致上，市场定位的方法有以下四种。

（1）根据具体的产品特色定位。首先，企业应该了解市场上竞争者的产品或服务的特点。其次，要对同类市场中消费者的需求特点有所了解。最后，结合企业本身的能力和自己产品的特点进行市场定位。这种也称为"产品差异化"定位法。

（2）根据特定的使用场合及用途定位。随着社会的发展，许多商品的原有用途减弱或被其他产品替代。这种商品面临被淘汰的命运或难以在原有功能上扩大市场。这时为老产品寻找新用途就是创造新的市场定位的好办法。小苏打曾广泛用于刷牙，后来被企业用作调味和肉卤的配料，有的企业甚至把它作为夏季饮料的原料之一或冬季流行性感冒患者的饮料。

（3）根据提供给顾客的利益定位。按产品的属性以及附加的价值能给消费者带来的某种利益来定位，以解决消费者的实际问题或使消费者有某种满足感。例如，沃尔玛公司多年来对市场的定位就是能给消费者带来价格便宜的商品。

（4）根据使用的类型定位。为了获得某个目标市场，企业往往会把自己的产品指引给特定的消费者，并根据该细分市场中使用者的需求特点来塑造相适合的产品形象。例如，各种品牌的香水，定位也往往不同。有的定位于雅致的、时髦的已婚妇女，有的定位于生活方式时尚的年轻人。

2. 市场定位的原则

市场定位并不是可以随心所欲的，一般来说，市场定位必须遵循以下三个基本原则。

（1）市场定位必须与目标顾客购买产品的着眼点相吻合。任何产品都有很多种属性，这些属性有的是实体方面的，如质量、性能、形状、成分、构造等；有的是精神方面的，如豪华、朴素、时髦、典雅等。但目标顾客对产品每一种属性的重视程度是各不相同的，也就是说，顾客购买产品时有其各自的着眼点或利益点。这就要求企业在定位时，必须突出目标顾客最重要的产品属性或购买该产品的主要着眼点，而不是把时间和精力花费在目标顾客不太重视的产品属性或次要着眼点上，这样肯定不能激起顾客的购买欲望。

（2）市场定位必须充分考虑竞争对手的产品特色和个性。企业在给自己的产品定位时，必须充分考虑竞争对手是如何定位的，需要弄清竞争对手是满足目标顾客的何种需要以及满足的程度如何。企业通过了解竞争对手的产品特色或定位情况，然后结合自身实际，就可以决定自己的定位方向了，或迎头定位，或避强定位。

（3）市场定位要突出企业产品的相对竞争优势。市场定位的过程实际上就是寻找、评估以及发挥竞争优势的过程，因此，企业在给产品定位时必须积极寻找自己产品的相对竞争优势，只有如此，才能扬长避短，发挥优势，并做到名副其实。

3. 市场定位的程序和基本要求

（1）市场定位的程序。市场定位通过识别潜在竞争优势、企业核心竞争优势定位和制定发挥核心竞争优势的战略这三个步骤实现。

1）识别潜在竞争优势。识别潜在竞争优势是市场定位的基础。通常企业的竞争优势表现在两方面：成本优势和产品差别化优势。成本优势是指企业能够以比竞争者低廉的价格销售相同质量的产品，或以相同的价格水平销售更高一级质量水平的产品。产品差别化优势是指产品独具特色的功能和利益与顾客需求相适应的优势，即企业能向市场提供在质量、功能、品种、规格、外观等方面比竞争者更好的产品。为实现此目标，首先，必须进行规范的市场研究，切实了解目标市场的需求特点以及这些需求被满足的程度。这是能否取得竞争优势，实现产品差别化的关键。其次，要研究主要竞争者的优势和劣势，知己知彼，方能战而胜之。可以从三个方面评估竞争者：一是竞争者的业务经营情况，如近三年的销售额、利润率、市场份额、投资收益率等；二是竞争者的核心营销能力，主要包括产品质量和服务质量的水平等；三是竞争者的财务能力，包括获利能力、资金周转能力、偿还债务能力等。

2）企业核心竞争优势定位。核心竞争优势是与主要竞争对手相比，企业在产品开发、服务质量、销售渠道、品牌知名度等方面所具有的可获取明显差别利益的优势。应把企业的全部营销活动加以分类，并将主要环节与竞争者的相应环节进行比较分析，以识别和形成核心竞争优势。

3）制定发挥核心竞争优势的战略。企业在市场营销方面的核心能力与优势，不会自动在市场上充分表现，必须制定明确的市场战略来加以体现。例如，通过广告传导核心优势战略定位，逐渐形成一种鲜明的市场概念，这种市场概念能否成功，取决于它是否与顾客的需求及追求的利益相吻合。

(2) 市场定位的基本要求。市场定位的基本要求包括以下四个方面。

1）研究、分析消费者对某种产品属性的重视程度（包括对实物属性的要求和对心理属性的要求）。

2）研究、分析目标市场上竞争对手在产品空间中的分布状况。

3）研究、分析消费者心目中该类产品"理想点"的位置。

4）研究、分析本企业为目标市场提供的产品应确定的产品空间位置。

单品创立：打造大单品产品力

在战略单品创立阶段，品牌力更多的是与产品力相等的。所以，在这个阶段，我们对品牌的整体规划更多的是为了打造战略单品的产品力。

在战略单品创立阶段，品牌的规划主要是规划两个系统：一个品牌价值系统——战略单品创新与品牌核心价值；一个品牌要素系统——战略单品的表达、识别与传播。

1. 品牌价值系统规划

（1）为战略单品的创新构建一套商业模式。品牌规划更多地属于营销范畴，怎么会和商业模式扯上关系呢？

第一，一个品类的原创者，并不意味着它将来就是该品类的最大受益者。因为中国企业的模仿能力太强，中国市场对于品类的原创又缺乏最基本的保护机制。你今天创造一个新产品出来，明天市场上与你模样相同的竞品就会陈列在货架上。

中国的众多先行行业，往往都是从起步的供不应求，发展到竞争对手蜂拥而入，市场陷入严重同质化，最后以众多企业举步维艰、新品类蛋糕变成鸡肋而结束。

发现一个市场机会，不易；创造一个战略单品，更不易。因此，我们有必要在新品类诞生之初，为品牌规划一套商业模式，让战略单品拥有一套不可复制的价值网。

第二，战略单品创新起源于市场机会的空白，源于消费需求结构的发现；商业模式的创新也源于消费需求结构的改变。它们在起点上是一样的，都是因为消费需求结构的改变而诞生。所以，将战略单品创新与商业模式结合起来，为战略单品构建一套商业模式，为一个新的消费需求结构构建一套价值保护网，是完全有必要的。

商业模式是发现新的需求结构、为之创造价值以满足需求，并为之配置企业的资源和商业要素的商业架构与运作系统。

一个商业模式最核心的商业要素配置主要包含关键业务、战略控制手段和合作伙伴网络三个部分。关键业务创造出战略控制手段，关键业务架构出合作伙伴网络。

将品牌规划出一套商业模式，就是以创新的战略单品为关键业务，从关键业务的需要出发，构建起合作伙伴网络，并在关键业务的持续运作过程中，创造出品牌的战略控制手段。有了战略控制手段的品牌，就有了难以被模仿的保护网，有了抵御竞争的防火墙。

这种战略控制手段，或者是领袖地位，或者是核心技术，或者是控制稀缺资源，或者是差异化控制手段，或者是总成本领先，或者是市场份额绝对领先……

例如，微软的技术开发优势、高通的核心技术优势、可口可乐的配方和价值链控制优势、国美的渠道规模优势、耐克的品牌资源和设计优势、茅台酒的稀缺资源优势……都是企业建立的战略控制手段。

因此，一个品牌或一个战略单品，从它诞生的第一天起，就应该为它制定一个最终目标，这个目标就是建立起企业自己的战略控制手段。如何才能建立起这个战略控制手段呢？就是为战略单品构建一套商业模式。

一般来讲，一个战略单品或者一个新品牌，可以从三个方面去制定其最终目标，或者说去建立品牌的战略控制手段。

对于大规模的品类市场，专注为王。企业宜采用市场运作优先于品牌塑造的思路，利用"产品创新、渠道拦截、终端垄断"的综合性手段，集中力量于专注、持续地提升战略单品与渠道，做到市场份额的绝对第一。战略单品市场份额的绝对第一，就是品牌的战略控制手段。

总之，企业创造战略单品之后，企业的企图心和战略目标的制定需要与品类规模的大小和稳定性相结合。大规模品类市场，宜采取大品种、市场份额第一的战略；中等规模品类市场，宜采取优质化、高价值战略单品战略；小规模品类市场，宜采取竞争性销售战略。

（2）为战略单品创造一个品类概念。市场机会衍生出战略单品创新；战略单品创新需要一个品类概念来指代。

在实际的品牌运作过程中，品类概念具有巨大的威力。因为新品类代表着一种新生事物的诞生，代表着社会关注的一个热点，代表着可以成为别人的一个话题。所以，新品类概念可以快速吸引消费者的眼球，快速进入消费者心智。

有了品类创新，为新品类创造一个恰当的品类概念，或者说是让品类概念化，将是品牌价值系统规划中的重要一步。

（3）一实一虚的品牌价值主张。市场竞争分为两个层次：第一个层次是产品的竞争，包括产品的性能、包装、价格等，它是产品物质及技术层面的竞争；第二个层次是品牌的竞争，包括消费者的心理感受、明确的附加值等，它是品牌精神及心理层面的竞争。

产品，给消费者提供功能上的有用性，它满足消费者对功能的需求。

品牌，代表了一种价值和感受，它传递一种本品牌特有的情绪和感觉，产生这种价值和感受的元素是使用经验、价格、外观、感官的享受、直觉联想以及广告的说服艺术等。

品牌的灵魂是品牌的核心价值。品牌核心价值包含提供给消费者的功能性利益以及情感性利益、表现性利益。

品牌价值主张是指基于企业的产品或服务，不仅能够给消费者提供功能性利益，而且还包括品牌对社会、对人的态度和观点。

由此，我们知道，品牌的核心价值主张分为一实一虚两个部分。所谓"实"，是指产品的物质利益点；所谓"虚"，是指品牌的精神利益点和表现型价值。

在实际的品牌规划中，对于品牌一实一虚的核心价值主张，什么时候该"务实"，什么时候该"务虚"呢？

战略单品初创及战略单品爆发之前，战略单品的一个重要特征就是：具备功能性价值的产品，物质层面的利益总是能够在消费者与产品接触时发生较强的销售促进作用；品牌与品质的关联更为贴近。这个时候，品牌价值主张更多地与战略单品核心卖点（或称 USP）相关，战略单品核心卖点在此时则是产品核心价值的外在表现，也是传递给消费者的最重要的产品信息。

因此，在品牌成为品类代表之前，品牌价值主张适宜以控制物质层面的心智资源为主，精神层面的心智资源则作为品牌的基础协调性。

例如，上海超限战营销策划机构的渔禾岛紫菜，我们给它创意的品牌价值主张就是"高营养、好体质"，主张"高营养带来好体质"，然后以时尚为调性，去俘虏消费者的心。

又如，同样一瓶洗发水，飘柔的价值主张是"使头发柔顺"，海飞丝是"去屑"，同样都分到了市场的一杯羹。而国内也有一些价值主张成功之作，如乐百氏的"27层净化"堪称经典。

当品牌成为品类代表之后，品类独特概念的效用就会渐渐消失，取而代之的就是品牌精神利益越来越重要。这个时候，把品牌做到人们的心底，渗透到消费者的内心世界，显得比产品物质利益更加重要。而品牌则更多地指向品牌对社会和对人的情感、态度、观点和价值观。

麦当劳品牌的价值主张是要给顾客带来欢乐，其精髓是永远年轻，故而其广告语是"我就喜欢"。

李宁品牌的价值主张是要为年轻消费群体的梦想创造无限可能，故而其广告语是"一切皆有可能"。

以上这些经过精心规划与设计的纯粹品牌元素，都是富含寓意的形式，会在一定程度上带给顾客强烈的感官与思想上的冲击。

2. 一个品牌要素系统

以下七类品牌元素，是产品中最常用到的品牌原料。

（1）命名产品名称（Name）是产品制造必须考虑的最重要因素。肯德基是炸鸡的代名词，麦当劳是汉堡的代名词，可口可乐是可乐的代名词，雀巢是咖啡的代名词。

统一"来一桶"命名，轻易地霸占了桶装方便面这一细分品类。然而统一在营销上并没有围绕"来一桶"创建品牌优势，慢慢地被康师傅等品牌桶面产品模糊了其原本的品牌内涵。

（2）标志（Logo、Label）包括品牌、产品名称的 Logo 设计以及产品内外包装的标签（Label）设计，两者可分可合。

精美的 Logo 及标签并不是奢侈品牌的专利，所有产品都可以也应该利用标志精致化设计，提升产品的品质感和档次感，让顾客逐渐被产品的标志所吸引。

（3）包装。在如今节约型、低碳型社会的大理念下，反对过度包装是大势所趋，中国白酒、化妆品等都是将包装（Package）当作产品识别差异化、独特性的核心手段。

改进包装的材质、造型设计以及密封设计等，都属于产品设计的重要内容。如白酒里白瓷、青花瓷等瓷瓶的流行变成提高产品档次的工具。

（4）产品之形。产品的外形与产品内涵同等重要，最科学与最经济的品牌策略就是采取产品外形塑造品牌的策略。

例如，绝对伏特加、苹果等大型品牌，已经成为用产品的外形设计来打造品牌的巅峰代表。

（5）口号。全世界年轻人都喜欢耐克，不仅是那个帅气流畅的 Logo，还有耐克的品牌口号：Just do it。中文里对这句话的翻译各种各样，如想到就做，马上就做，别废话、做吧等，以至耐克索性放弃发布官方的标准译文。

阿迪达斯的 Impossible is nothing（没有不可能），也体现勇于挑战、突破极限的体育精神，与耐克一起成为世界体育迷们的图腾。

口号（Slogan）是品牌精神的鲜明旗帜，是企业品牌信仰的重要核心，需要企业全心全意地去保护与捍卫。口号的最高境界是可以代表顾客的梦想与追求。

（6）色彩。有关研究表明，色彩荟萃了一个民族、一群人乃至一个文化集体的潜意识，消费者的感受及行为因潜意识里色彩的文化积淀而受到极大的影响。

色彩属于一种能够产生直接刺激的有意味的形式（符号），不仅是美感、设计和情感等浅层面的色彩元素，而且是有内容的、精神层面的、有历史记忆的思想性的色彩元素。

在过去，色彩仅仅作为一种辅助元素，而在今天，设计理念正在将单一色彩升格到品牌核心的高度来吸引消费者的眼球。

其中，最突出的就是中国白酒的色彩营销策略：过去几年盈利额增长幅度最快的两大中国白酒品牌——洋河蓝色经典与郎酒分别采用蓝色和红色作为品牌核心的识别。

（7）代表符号（Symbol）是品牌活化的重要工具，好的产品能够产生强烈的移情效果。

品牌或产品的代表符号有以下三种类型：

1）吉祥物。所谓吉祥物，就是指产品借用或自己创造的一种卡通形象，如迪士尼的动漫形象米老鼠、唐老鸭等，以及奥运福娃、世博海宝、Hello - Kitty、喜羊羊与灰太狼、蓝猫咕噜、变形金刚、麦当劳的小丑、米其林先生、威猛先生等。

吉祥物策略是产品借势、造势的有效手段。

2）代言人。明星代言是最常采用的方式，超级品牌通常利用明星代言对竞争品牌进行压制，这是明星代言门槛不断提高的原因。但明星演艺及私生活的麻烦，显然也就成了代言品牌的麻烦。

例如，洋河蓝色经典的"男人的情怀"与万宝路的"男人的世界"非常相似，是近年来极少数富含价值的口号创意，如图5-6所示。

战略大单品

洋河酒业　蓝色经典三剑客
海之蓝　天之蓝　梦之蓝

世界上最宽广的是海，
比海更高远的是天空，
比天空更博大的是男人的情怀

图5-6　洋河酒业品类符号

万宝路的口号建立在美国西部牛仔的历史形象上，万宝路的西部牛仔形象，是希望激发某种美国式的复古情怀，多少也是一种无奈的选择，万宝路也不敢轻易更换牛仔这个招牌形象。

而洋河蓝色经典的男人形象却比较模糊，与"中国蓝"这种意识形态的诉求方向几乎一致，反映了洋河在品牌诉求上感觉到了男人情怀的不足，却没能找到充实这一口号的内容，如今选择了"中国梦，梦之蓝"这一口号作为突破人格化陷阱的出路。

由此可知，没有消费者生活或情感基础的口号（主张），最终都会导致品牌的空心化。

3）关联物。例如，金龙鱼是一条闪着金光的鲤鱼；劲量，是充满能量的兔子；金霸王，是不停敲鼓的小熊。这些产品关联物，最终都变成产品的一部分，顾客会将对这些动物的喜爱之情自然而然地转移到对产品的关注和喜爱上。

以上介绍的品牌符号的七种元素，每一种都有可能成为产品的核心要素，不过，品牌元素的使用必须精准，尤其是必须具备内在风格的协调性，但并非要求同时将全部品牌元素都用上。

从战略大单品到战略大单品群

从战略空间上讲，单一品类很难为一个企业的发展纵深提供帮助，并不一定能让企业保持持续增长和基业长青。

很多区域化白酒企业满足于做单一品类大单品，美其名曰"聚焦经营"。其实，每一个品类都有增长天花板，以品类为限的聚焦是对专业化的误读。所以，第一步的品类大单品战略成功之后，要通过再次的品类延伸，建立起大单品群，快速做大企业规模，迈出成为超级品牌的第二步。

这一阶段是区域化白酒的深度全省化阶段，也是企业发展的高速阶段，此时大单品对企业的贡献最大，但是在这一阶段大单品已经进入成熟期。防御大单品成为首要任务，企业必须重新梳理产品线，重塑"大单品群"。

重塑"大单品群"有以下策略：

（1）原有"大单品"的"小量多次提价"策略。通过渠道模式的稳妥变革，强化厂商对于核心网点的掌控力度，在此前提下，开展产品的小幅提价工作，通过提价增加渠道利润空间，增加渠道推力。

（2）品牌延伸。如同洋河延伸蓝色经典，衡水老白干延伸十八酒坊，高沟的今世缘系列，双沟的珍宝坊系列；老产品的品牌和新品几乎没有任何的关联性，其目的是为了提升原有品牌的档次，提升品牌溢价。

（3）品类延伸。针对中档产品开展升级。上延一款新产品，原则上"求同存异"。

"同"，俗称"长得像"，利用老产品的固定消费者群体快速导入，减少新品推广的认知过程，主要解决消费者接受度；"异"，俗称"有个性"，主要解决价位升级的问题，卖得贵，让消费者通过产品的差异性，感知产品价值，实现高溢价、产品和价位的顺利升级。

品类创新可采用矩阵开发模式，根据度数、瓶型、颜色等，开发不同类型的产品。这里不再赘述，其目的是在成熟市场上满足多客户、多渠道的需求。

（4）上下开发战术产品进行保护。针对竞争对手的干扰，开发战术性产品也是当务之急，这里不再赘述。

（5）构建"大单品群"的管理组织，分品牌运作。区域化白酒企业要想在全省化过程中率先取得成功，一定要夯实大单品，取得业绩突破，要想在深度全省化中取得持续成功，则需要花大力气。

"大单品群"是策略，更是战略，夯实大单品，重塑"大单品群"，这是业绩持续倍增的不二法则，区域化白酒企业要在全省化前行中牢记这一思想。

战略单品培育阶段：单点突破

第二次世界大战期间，德国军队最先也最常采用闪击战。所谓"闪击战"，也叫闪电战，是以制空权为前提，集中大规模坦克集群快速冲锋，迅速撕开敌方防线的缺口。之后，机械化大军团随坦克集群推进，彻底摧毁敌军由于德方空军轰炸而混乱的阵地，在短时间内迅速瓦解敌方整个防御体系。

闪击战是充分利用飞机、坦克的快捷优势，以突然袭击、单点突破的方式制敌取胜的一种战法。

闪击战有三个要素：集中、奇袭、速度。

闪击战理论最重要的原则是：先于敌军迅速集中和展开作战部队，保障战略的突然性。实施最强大的首次突击，以便在交战初期即取得决定战争结局的决定性胜利，集中优势兵力于主要进攻方向，以包围与合围的方法歼灭敌人的武装力量。

德军利用闪击战，27天征服波兰，1天征服丹麦，23天征服挪威，5天征服荷兰，18天征服比利时，39天征服了号称"欧洲最强陆军"的法国。

德国军队击败法国时，避开了法军重兵防守的马其诺防线，选择了地形崎岖的阿登高地作为主攻击点。因为阿登高地不利于德军装甲部队运动作战，所以，法军没有多加防备。德军从阿登山脉一举突破，并从背后袭击使马其诺防线丧失了作用。法国不久即宣布投降。

所以，从战争角度来讲，攻取一座城池或一块阵地，最佳的策略是集中己方优势兵力攻击一点，突破一个点，打开一个缺口，然后集团军跟进，全线撕开，这是最有效的攻击策略。

例如，公元前331年春，亚历山大大帝率领4万马其顿士兵和100万人的波斯大军决战。兵力的悬殊，意味着胜负早已确定。但是，亚历山大大帝是人类战争历史上第一个知道"缺口效应"的军事家。所谓"缺口效应"，就是集中优势兵力在一个点上不惜一切代价打开缺口。当波斯大军的正面防线出现一个缺口后，100万波斯大军的布局就会面临灾难性的、毁灭性的打击。于是，由4万马其顿士兵构建的马其顿方阵，就从这个缺口处疯狂涌进。这个时候，所有的波斯士兵都无法互相协助攻击或者协助防守。而所有的马其顿士兵却可以互相协助攻击或者互相协助防守。这场战争的最后结果是，马其顿大获全胜，消灭了波斯军队30多万人。

所以，一场战役也好，一次营销行动也好，我们应该坚持一个原则："巨大的胜利，都是来源于一个微小的力量和一个缺口效应。"

企业战略单品的单点突破战法也是如此。在品牌实力还不够强大的时候，集中兵力之所以必要，是为了改变敌我形势，改变敌我力量的对比。企业有必要将五个指头并拢、集中力量于一个单点，进行单点突破，在局部市场上，先形成绝对优势兵力，变整体均势为局部强势，方能战胜强大的对手。

战略大单品是否能够快速突破市场，切开缺口，其关键点有以下四个。

1. 速度和爆发力

造势是营销的核心目的，势大则事半功倍。铺货同样需要造势，通过爆发式铺货形成强势营销，对经销商与终端造成一定的压力，推动产品挤占渠道的速度。

先要做好爆发式铺货的准备。铺货量要惊人，最好把多次铺货的量全部铺下去，集中人力物力进行地毯式铺货，见店就铺，见铺就铺。通过实现铺货率的最大化，快速提升终端市场占有率。除此以外，铺货速度也要迅速。在竞争对手还没有察觉的情况下，把货一次性铺完，挤占渠道与终端资源。

因此，集中资源与企业所有的业务员，和经销商一起，在指定市场与指定时间内，快速把货铺完。避免平时那种挤牙膏式的铺货方式，做到集中资源、突然爆发，这是爆发式铺货的根本法则。

2. 加强单位面积的压力

从物理学上讲，只有将力量集中在一个点上，在受力面积越来越小的情况下，产生的力量往往比在一个面上的更大。

做营销就如同使用锥子，一定要学会打造最尖的锥尖，在锥尖上单点突破，力图只做点，不做面。

单点突破，一般能够确立企业在短时间内的竞争优势，如在传播渠道、区域价格、促销等方面只占据一方面优势，就有可能获取明显的成功。

3. 快速实现动销和回货

将货铺完，并不等同于我们的工作就完成了。假如货积压在二批或终端的仓库里，未能实现第一批货卖完，再进第二批货（即回货），那么企业的任务也不算最终完成。

因此，企业铺完货以后，下一个任务，就是需要协助经销商去帮助二批与终端销售，让他们尽快将第一批货卖完，再快速进第二批货，如此一来，才算是良性循环的开始。

要帮助二批与终端，最好抓住节假日与重点销售时段，用促销与试用结合的方式，对新产品进行销售推广，使消费者能够迅速接受该产品。

4. 局部突破，带动全局突破

局部突破，就是指以点带面策略。要求采取重点突破策略，以点带线，以线带面。先启动并做好一部分质量型渠道和终端，充分发挥其示范效应，也就是建立"领袖渠道"，建立起其他渠道的信心，达到用点启动来拉动面启动的目的。如酒类渠道操作就首先选择 4~5 家本地最著名的酒店或酒楼作为运作对象，将品牌标杆迅速树立起来后，再将运作重点转移到其他渠道上。

【大单品例证】

樱桃小丸子：剑指乳酸菌 10 亿用户级大单品

2015 年 9 月，众多饮料经销商都在热议一件事，准确地说，是一款新品——9 月 8 日，吾尚在杭州隆重召开"樱桃小丸子"新品发布会。在成功打造出吾尚益菌多之后，围绕樱桃小丸子，吾尚又是如何开展大单品战略的呢？

1. 精准的品类概念

吾尚新品樱桃小丸子品类概念可以概括为：常温乳酸菌里的高端品牌！在此之前，常温乳酸菌一直被认为是"下里巴人"，那么定位高端的阳春白雪就成了全新的机遇空白点，如图 5-7 所示。

图 5 –7 　樱桃小丸子品类概念

2. 品牌价值主张

吾尚樱桃小丸子的品牌主张是："阳光、流行、健康、快乐"，散发着浓浓的正能量，活力十足、魅力四射。

3. 精辟的大单品广告语

吾尚樱桃小丸子主打"我们都是这样长大的"，引发看"樱桃小丸子"一起长大的 80 后的共鸣，牢牢抓住他们的心，也就形成了让他们给自己的孩子购买产品的消费习惯，如图 5 –8 所示。

4. 清晰的大单品主画面

在这方面，吾尚樱桃小丸子的一个优势就是，和上海世纪华创文化形象管理有限公司签署了授权合作协议，拥有樱桃小丸子的使用权。仅此一点，就为大单品的主画面奠定了成功的基础，如图 5 –9 所示。

图 5 - 8　樱桃小丸子广告语

图 5 - 9　樱桃小丸子大单品主画面

5. 大单品包装

为了打造包装，吾尚豪掷数千万元，无论是樱桃小丸子丰富的表情、产品的收藏性，还是视觉的冲击力、细节的开盖方式，都追求完美，树立起"高大上"的品牌形象。

6. 大单品 TVC

影视广告是大单品塑造工程中最重磅的一项工作，传播力强，投入大。所以创作影视广告创意和口号其实就是在表现大单品的核心概念，体现大单品的核心价值。

过去，吾尚借势《奔跑吧兄弟》，在节目期间播放吾尚益菌多的 TVC，"有滋有味"的传播，取到了非常好的效果。此次重金打造战略大单品，又会有什么大动作呢？我们不妨期待一下。

雷诺，开启商务手表新时代

由中国温州的詹氏三兄弟创办的雷诺，短短几年，已发展为集专业的研发设计、生产制造、营销于一体的钟表企业，连年取得良好的市场业绩，在全国各地的消费群体中获得良好的口碑。然而，随着市场及消费观念的变化、技术与品牌的缺失，国产手表很难走上高档奢侈品的道路，只能在中低档市场上抢占市场份额，同质化现象越来越严重。

雷诺邀请采纳品牌营销顾问机构为其诊断时，发现其主要存在五大方面的问题。

（1）品牌——品牌形象模糊，核心价值及个性模糊，无法占据消费者的某个心理区间，品牌运营体系无法支持其"华贵"的诉求，品牌目前的价值感限制了品牌往上走的发展路径。

（2）产品——产品研发处于由模仿到原创的过渡阶段，产品没有形成自己的独特个性。

（3）推广——有零散的推广活动，但缺乏明确的策略指导，没有形成系统的品牌传播。

（4）渠道——雷诺主要在一线城市 B 类、C 类商场及二线城市驻点，进入一线渠道阻力重重。

（5）终端——终端表现有品质感，但与其他品牌相比，同质化程度高、缺乏个性表现。

总之，缺乏品牌资产管理、缺失对品牌的认知、在定位和市场上存在很大偏差，是其问题的主要根源。

1. 塑造"商务"概念，区隔其他竞品

面对手表行业产品同质化严重的现状，雷诺需要采取聚焦策略进入一个细分市场，从"量多、款全"走向"细化、精深"。用一个明确的概念抢先占领消费者心智，成为手表市场中某个品类的代表。

接下来的问题是要进入哪个细分市场？采纳营销专家洞察到中国城市化程度越来越高，劳动力向第二、第三产业转移，商务文明时代已经到来，与之相应的商务经济显示出强大的生命力，商务用品发展空间巨大。继商务男装、商务笔记本、商务手机之后，商务手表有机会成为"商务大家族"的新成员。

基于此，采纳营销专家将雷诺品牌定位于"新一代商务经典手表"。

2. 与商业文明相契合的核心价值

围绕雷诺的品牌定位，如何对目标消费群体进行价值输出，让雷诺品牌在他们心目中活起来，即雷诺品牌的价值系统是什么样的？

"商务"定位下的雷诺，品牌核心价值既要体现商务用品的本质特点，又要有相应的品牌资源支撑，同时要符合未来的发展趋势。定位为"商务"

手表的雷诺，核心价值应与"商业文明"相联系。现代商业文明以契约精神为核心，雷诺——"雷厉风行，一诺千金"，体现的是商业社会中的高效率和诚信精神。

基于此，采纳营销专家提炼出品牌核心价值"经典·品质·承诺"。同时，品牌主张"我的承诺！雷诺"，放大雷诺自身品牌联想，强调现代商业文明的诚信面，建立"雷诺就是承诺"的等式，引发心理共鸣。

3. 进化品牌形象视觉系统

采纳营销专家经过品牌视觉调研发现，雷诺原来的品牌 Logo 图形中英文不统一、组合比例不和谐、标准字设计老气，于是重新设计了品牌 Logo，与现在的品牌核心价值契合。同时，还统一了店面终端形象，统一发声，新的 Logo 和统一的店面终端形象系统地传播与推广品牌形象。

当雷诺将"承诺"演绎到极致的时候，雷诺就创造了一个全新的商务手表品类，它不仅是一块手表，还是现代商务文明的符号。

第六章　从产品是王道到品牌颠覆

大单品，是强势品牌存在的根基，要想创造中国人自己的百年品牌，必须先创建中国人自己的品牌理论；要想创建中国人自己的品牌理论，必须先培育中国企业自己的大单品。

不是你想什么，而是消费者想什么

弄清"消费者想什么"这一问题，对于营销和品牌而言都非常关键。一些企业仅注重消费者理性的一面，如如何定价、怎样促销等，认为消费者一成不变地非常理性。其实不然，企业负责人最好不要忽视消费者感性的右脑。我们从广告传播的视角，来看看下面的两个反面案例。

案例一：牛奶也能用来洗？

牛奶品牌邀请明星代言原本无可厚非，但邀请谁代言却十分关键。山东百惠乳业因为个人喜好就不管不顾地邀请了"付笛声＋任静"做代言人，依然是他们微笑的脸，但总感到有些尴尬。看到他们就会不由自主地想到那句"妇炎洁，洗洗更健康"。这句话几乎已经与夫妻俩密切相关。其实，有时候消费者并没有那么理性，甚至有时更是用某种直觉或联想去购买产品。

案例二：喝的是茶还是洗发水？

"霸王，中药世家。"这是霸王洗发水让大家印象最为深刻的一句话。多年以后，我们看到摆在超市橱柜里的霸王凉茶，你喝了吗？霸王凉茶的味道怎样姑且不说，有部分人甚至会担心喝下去会吐出泡泡等使人啼笑皆非的问题。作为霸王品牌，两次都是用巨额资金邀请国际巨星代言，代言费可谓不菲。也许霸王在考察凉茶市场时非常客观，最终也想要在凉茶市场上分得一杯羹。但霸王却忽视了消费者的右脑在想什么，事实上，消费者的想法很简单。

通过以上两个反面案例，企业除了应该真正关注一下消费者的右脑在想什么之外，还应注意以下八个问题。

（1）同一品牌下的不同产品需要在用途或功能上有某种紧密的关联性，避免出现霸王凉茶的尴尬场面。

（2）品牌不要光顾内涵，还需要注意与外在表现的彼此统一。否则会与百惠乳业一样产生不必要的误会。

（3）不管再怎么理性的营销策略，都需要禁得起消费者最感性的右脑考验，否则就有可能导致100个理性抵不过1个感性的结果。

（4）明星代言，需要格外注意明星的气质与产品合不合拍，否则明星的名气再大，也没有用武之地。

（5）假如策略失误，用再美的外在形象弥补，结果都不会改变。

（6）消费者作为复杂的高级动物，有理性，也会有感性。但只要去认真研究，便会发现他们实际上大多是右脑主义者。

（7）好产品与好品牌不能等而视之，把好产品做到消费者心里去，还需要借助品牌的穿透力。

（8）要知道消费者不仅关心产品的质量和价格，在一定程度上更关心他们内心的直接感受，否则就是做无用功。

了解消费者右脑的功能，有效利用右脑的正能量，为企业的品牌打造做出一些事半功倍的事情，这无疑算得上是一种有效的品牌策略。其实，消费者的右脑并不可怕，只有当我们真正了解它时，才发现右脑很有规律。然而，可怕的是企业并没有重视消费者的"右脑决策力"。

创新就是满足消费者未被满足的需求

价值创新，满足消费者未被满足的需求是商业模式创新的灵魂。首先看看下面这一案例：

齐齐哈尔第一机械厂每月都要使用大量的刀具，并长期向德国的一家刀具厂订货。有一次，第一机械厂下了500万把的刀具订单给德国人，结果德国人认为下错了，说："你们企业还库存着我们厂500多万把的刀具，为何还要下新订单呢？"

齐齐哈尔第一机械厂的人说订单不可能下错，但德国人很快来到齐齐哈尔第一机械厂，要求一起核查仓库，结果很快核查完，竟然发现果真还有500万把库存刀具。这时，德国人主动要求帮他们建立整套的采购系统与仓库管理系统，并告知齐齐哈尔第一机械厂下个月就会推出新产品，价格不变，假如第一机械厂下了订单积压库存，那么他们的新产品就不能获得订单了，会损害企业利益。

最后德国的那家企业还说："干脆派人进驻到你们厂，每个月你们用多少刀具我们全算好，以后我们保证你们的库存最低，等我们把库存管好，就把刀具直接放在你们的仓库里，从仓库里提出去才算买了我们的东西，否则算没买。"齐齐哈尔第一机械厂的董事会听后非常感动，老总直接说企业以后不用再招标了，就认定这家德国企业了。

这个案例给我们提供了一个思考，德国人多拿订单也不干，一心做好服务，并且为客户着想，这一行为不仅让客户感到满意，还令客户被深深打动，将自己的成功建立在客户成功的基础上，这事实上就是客户价值创新，这种创新摆脱了与同行进行价格战，实现了企业和客户连续共赢的效果。

价值创新代表着一个广泛的概念，大概意思就是指不断研究消费者的思维特点，以消费者与客户的价值最大化为核心，研究如何给消费者提供具有创新性的价值。假如没有价值上的创新，企业的产品与服务就会跟着处于同质化，如此一来，价格战在所难免，但假若企业研究好价值创新，结果可能就完全不同。对于企业而言，争第一远没有做唯一来得重要。因此，企业不能完全把心思放在如何与竞争对手争夺客户上，而是要经营属于自己的客户，让竞争对手无从下手，这是一种全新的思维方式。我国企业也要仔细研究市场未来的变化，不管是技术上的改变，还是消费者生活方式上的改变，都将给企业的创新带来非常大的好处。上面提到的小故事——德国刀具企业的做法，就是价值创新的真实版本。

如何实现价值创新呢？下面是几点建议：

1. 跳出现有客户，把原来的非客户转为客户

有个关于葡萄酒销售的案例。过去几年，澳大利亚生产的葡萄酒进入了美国市场，成为美国最大的进口葡萄酒供应国，如今开始进入中国。澳大利亚葡萄酒生产商的创新是什么呢？葡萄酒生产本来是法国、意大利人的天下，

可以说全世界就他们做得最好，可是为什么澳大利亚能占据最大供应国的地位呢？

因为欧洲人有个传统，喝葡萄酒的时候都要品一品、闻一闻，这是当初欧洲高收入贵族所推崇的。可是到了美国就产生了变化，美国历史比较短，很多美国人追求快速便捷的生活方式，来一杯酒一口喝下，所以在文化背景不一样的情况下，欧洲产的葡萄酒在美国人这里就没有相应的认可，美国人依然喜欢喝鸡尾酒，喜欢喝啤酒。而同样属于移民国家的澳大利亚人就想，既然美国人喜欢大口喝，那就把葡萄酒变成也可以大口喝的酒不就成了吗？有什么不可以呢？于是，澳大利亚人研制了新的葡萄酒，能像喝啤酒一样喝，也没有太多种类，因为葡萄酒有上百种，不了解的消费者都不知道选哪种，澳大利亚人就把它简单化，甚至盖子就跟啤酒盖一模一样，还把酒吧里的服务员全部装扮成袋鼠，带来了很多快乐，结果这样的酒吧在美国火了，很快澳大利亚成为美国葡萄酒市场进口量第一的国家。这样的研究带来什么呢？就是喝啤酒、喝鸡尾酒的人都来喝新型葡萄酒。

创新的一个办法就是去研究本属于自己的客户，尽量满足他，让他变成自己的客户，而不跟同行抢客户，这就是价值创新，让其他行业的客户来选择自己企业的产品。

我们的企业家在经营过程中，为寻求长足发展而不断进行价值创新，但越是创新，疑惑却越多——为什么我们的客户越来越难维持，潜在客户越来越难寻找？为什么我们的企业突破了产品的针对性，细分市场却多如牛毛？这些问题值得我们的企业家认真思考，而思考的必然结果之一是"客户边界的突破"。"客户边界的突破"要求我们在思维上突破传统的客户边界勘定原则，突破现有客户和非客户间固有的关注要素，从而重新审视我们的产品和服务。

如何突破客户边界？可以跳出固有的客户选择标准，争取未被满足需求的潜在客户和暂时没有此需求的顾客，在这些顾客中，我们分析并找出最小限度购买或考虑购买的客户，并在消费导向上引导、教育并培养他们。同时关注客户需求的不同或变化，转变客户的受训范围。我们还必须降低或放弃与对手的红海血腥竞争，在非客户上做文章，延伸或开辟新需求，寻找新客户。

2. 价值创新需要突破需求边界

只要延伸需求内涵，把原来忽视的最重要的需求挖掘出来，能立刻让最强的竞争对手"自废武功"。

中国台湾百略公司是一个以数位医学量测系统与健康服务为主的生物医学科技公司，主要业务是医疗量测与服务之研发、制造与销售。中国台湾百略公司的产品有体温计、血压计、电毯三大系列。

由于产品并没有什么科技含量，所以竞争者众多，且同质化非常严重。如果按传统的方法，无非是在营销、广告方面与竞争对手同质化地搏杀，大打价格战，最后不仅自己赚不到钱，也摧垮了整个行业。百略没有这样做，他们发现，消费者真正需要的不仅是产品本身，更是产品背后带来的效用！即生理指标的检测和病灶信息的反馈！于是，他们在美国实施了"远程居家护理"计划，与沃尔玛合作，在满足消费者生理指标的检测和病灶信息的反馈上面下功夫，虽然公司的核心业务仍然是产品，但重点却是服务！中国台湾百略公司已经不再把卖产品看作终极目标，他关心的是公司怎样才能为客户真正解决问题。这种本质的改变既避免了同质化的竞争，客观上又为自己带来了产品的热销和丰厚的利润。哈佛大学营销学教授西奥多·莱维特曾经说过一句很经典的话："人们不需要四分之一英寸的钻孔机，人们需要四分之一英寸的孔！"

而我们很多企业想方设法卖"钻孔机"，而消费者买的却是"孔"，完全在向相反的方向用力。如果我们将客户需求的逻辑再思考得更深一点，就会发现顾客最终需要的其实可能也不是一个"孔"，而是通过这个"孔"实现某种功能，如安装一个挂钩，或者嵌入一截电缆。那么这个孔需要钻多深、怎么样钻对墙面损害最小其实都是客户需要考虑的问题，相应的指导服务也是顾客需求的一部分。

3. 价值创新要突破原有产业链边界

把那些可以为客户价值增值的公司或个人整合在一个新的产业产值链里，可以使原来看起来根本无法实现的目标成为现实。

4. 价值创新要突破企业边界，做行业的整合者

使竞争者变成合作者，提高整个行业给客户创造价值的能力，同时也能提高自己在产业链中的地位，为公司的持续盈利创造了条件。

5. 价值创新要突破混乱边界，建立秩序

在分散化严重的行业，到处都充满混乱，给人们带来了极大的烦恼，如果你能解决这些烦恼，帮助人们减少生活中的麻烦和花费，那么你就成功了。"想要经营一家为人们提供帮助的公司"既是企业的胸怀，也是企业家寻找蓝海、突破同质化竞争的必由之路。

6. 价值创新要突破时间、空间边界

对不同时间在不同地域成功的商业模式进行复制，也可以很容易成功。

如当当网复制亚马逊，百度复制谷哥等。

7. 价值创新要突破传统与现代边界

传统企业与现代互联网的结合，可以让不可能变为可能。如红孩子、雅昌艺术网等。

8. 价值创新要突破产业资本与金融资本、商业资本的边界

让加法变乘法，使企业步入"快车道"，以超常规的速度发展。

9. 价值创新要突破行业生命周期的边界

在行业周期进入规模竞争以后，完全可以从中找到还没有满足的需求，再创造一个新兴的行业。

大单品通行证：性价比

性价比这个名词在计算机行业经常被用到：内存、CPU、硬盘、主板、光驱、显示器、外壳等，每个硬件的品牌、型号等明码标价，价格浮动空间很小，兼容机按照上述配置组装的价格，比品牌整机的价格便宜20%以上。

技术派的攒机高手们不愿意去买低配置的品牌电脑，大多按照自己的需求进行个性化的硬件配置，使兼容机的运行速度和显示性能比品牌机要高得多。越是高端配置，兼容机比品牌机的价格优势越大，这就是电脑行业的性价比概念。

　　但有的品牌电脑却打破了这种性价比的"组装优势"。苹果、索尼、IBM等高端电脑，在硬件性能的配置上，与兼容机相差甚远，但这些品牌计算机在消费者心中却具有更高的价值感。兼容机只能在家里自己使用，品牌机则可以在办公室或随身携带使用。

　　日常生活用品的性价比也有类似情况：当你在超市货架前选择方便面时，你考虑的是面饼的重量，料包的内容，还是品牌？很多时候你选择的是你熟悉的味道，如康师傅红烧牛肉面。尽管你知道红烧牛肉面只是一个"味道"，而没有任何真材实料，但你还是没有选择其他的产品。

　　在方便面的选择上，很多时候顾客考虑的性价比不是量化的重量、料包或赠品（如一只卤蛋或一小袋榨菜等），而是自己体验后留下的味道感觉，所以康师傅的广告向你灌输这句广告语："对了！就是这个味!"

　　购买奢侈品的选择过程是当你走入任何一家奢侈品门店的时候，唯一考虑的是自己的钱包里是否有足够的钱，是否买得起你看中的产品，而不是什么性价比，在奢侈品这个行业，这个词会显得你十分没有品位、土得掉渣。

　　事实上，性价比并非指产品物理制造层面的材料、性能以及价格之间的比较，而是顾客心中对一个产品价值的体验或判断。性价比中的"价"更接近价值，而不是价格。

　　需要建立产品独一无二的价值，而不是仅关注其价格。这个独特的价值，就是产品必须具有我有他无的性能（特质）。如低价产品康师傅红烧牛肉面的"味道"，耐用品品牌电脑的整体"品质"，其他奢侈品牌的"品位"等。

　　如果产品具备了这些平凡却与众不同的特质，就获得了大单品的第一张通行证。产品性价比如何创造？来源有两个：品质进化、精益量产。

1. 大单品性价比来源一：品质进化

大单品的品质每年都在提高，产品的基本形态不会有重大改变，消费者甚至都不会察觉这些品质的进步。大单品一般也不是每次进步都会大张旗鼓地宣传，但产品的品质确实每年都在提高，直到积小成大到大进化。

品质进化的路径，就是沿着产品全价值链的每个环节进行有计划、分步骤的优化。而且，要让这种品质改进在终端价格不变的前提下实现，也就是说，企业最好能自行消化品质进化引发的成本增加。

企业如何解决品质进化导致的成本增加？答案只有一个，依靠品质提升后销售规模的扩大，从而实现比提高零售价格更加丰厚的规模利润。

iPad 就是高性价比产品的典型代表。从 iPhone4 问世以来，苹果的产品战略出现了苹果有史以来的最大变化：走品质进化的高性价比路线。iPad 的价格比同等容量的 iPhone 要便宜，这个定价彻底打乱了平板电脑产品性价比的底线。

回溯苹果产品史，无论是 Mac 系列的电脑及笔记本，还是 iPod、iPhone3GS、iPhone，价格都很高。从数码产品的性价比角度看，苹果产品都是高档品的代名词。只是从 iPad 开始，苹果一举突破了以往产品的高价路线，打出了一个竞争品牌无法招架的价格。iPad 比惠普、联想、三星等任何一款平板电脑，都具有更高的性价比：更轻薄、更快速、更便宜。消费者除了成为果粉，不知还有什么选择。

这就是品质进化的威力。

品质进化在所有大单品身上都有：德芙巧克力、百威啤酒、老干妈豆豉辣酱、椰树椰汁、露露杏仁露，这些产品会让消费者感觉越来越"顺眼"与"熟悉"。

　　品质进化，是大单品必须列入每年的产品品质改进日程的作业内容。只有品质不断进化，且价格不发生重大调整的产品，才具备大单品的基本特征。

　　从顾客角度看，大单品必须避免成本推动、通货膨胀、利率、汇率等各种理由的跟风涨价。那些以各种市场波动因素为借口随意进行价格调整的产品，最终必然会让好产品变得短命。在市场波动必然引起 CPI 上涨的压力下，大单品都会选择不涨或微幅涨价的策略。很多大单品凭借关键时刻对顾客的尊重，赢得了消费者的好感与忠诚。

　　我们在此也必须对某些"越涨价卖得越好"的产品做一个说明，如中国高端白酒。

　　早年，五粮液、茅台领头涨价，反而越来越供不应求，白酒行业甚至出现了"不涨价不是品牌"的市场异象。

　　从产品涨价率与成本增长率的对价关系看，价格涨幅远远高于成本涨幅，说明这一轮中国白酒的涨价潮不是成本推动型上涨，而是高端消费拉动造成的优质产品供需倒挂所致。

　　超高端（零售价 600 元/瓶以上）白酒总体产能小。"茅五剑"指中国三大系列名酒，分别是茅台系列、五粮液系列和剑南春系列，这三大系列名酒是中国最负盛名的白酒。超高端白酒总量只占全国白酒产量的 3% 左右，这种稀缺性是白酒涨价的客观基础，"茅五剑"对产品品质的坚持及产品稀缺性，构成白酒涨价的硬支撑。

　　二三线白酒跟随"茅五剑"推出次高端白酒产品，在白酒消费泡沫高涨的时候，风口强到任何白酒都能被吹上天；未来需求等级结构形成，泡沫消费退潮的时候，虚涨价格却没有品质支撑的产品将会先落到地上被摔死。

2. 大单品性价比来源二：精益量产

精益生产的概念来自日本，尤其是丰田模式：准时化生产与丰田生产方式。

准时化生产不仅是一个生产管理模式，而且是一种产品战略。

准时化生产的发明人大野耐一提出：传统企业强调大批量、少品种，即福特模式所谓的供应决定需求的思维，将所有需求都导向 T 型车。小批量多品种的生产，则结出闪闪发光的高价汽车之果。丰田之道就在于有能力应对不同顾客对汽车的不同口味，这种产品生产及管理思想最终凝结为丰田生产方式。

丰田模式下的精益化打上了小批量、多品种这种产品战略的烙印，这是高端汽车消费个性化需求的体现。小批量、多品种乃至最近的柔性制造，是一种强调最大限度满足市场个性化需求的生产及管理模式。这无疑是先进的，但并不是构建大单品需要的战略与方法。

大单品需要解决的核心问题，是在产品形态不变或渐变前提下的品质进化问题。要不断地实现品质进化，就必须采用精益求精的管理方法；然而，还需要满足日益增加的顾客需求，必须使顾客在相对的不变中感受到与时俱进的艺术气息，这是产品不断扩大规模以量产需求的原因所在。

因此，我们提出大单品提升性价比的办法是"精益量产"：不仅需要品质进化，而且需要实现量产（具有规模效益），这是大单品性价比的"智造"秘方。

打造大单品的企业，务必树立与一般产品不一样的心智模式与管理思维模式：精益量产。只有先有这个心智及思维模式，才能领会精益量产的现实性。精益生产及精益管理，都是技术性细节。

性价比是大单品的基本属性，大单品性价比建立在品质进化与精益量产的基础上，这两个要素紧密结合，缺一不可。

如何建立自己的核心词

很多产品明明很有前途，却由于缺乏让消费者清晰辨别的核心词而不幸夭折。如何让消费者一听就懂，一看就明白。最有效的方法就是建立自己的核心词。

1. 核心词五大提炼原则

原则一：要锁住目标人群。

企业诉求的产品功效以及卖点一定要有足够数量的受众——要有很多消费者或潜在消费者，否则就很难保证销量，盈利范围可能也就变得狭小。

例如，有一种药品不仅能解决太空飞行员的头晕问题，而且还能快速治疗感冒，那么企业应当把它诉求成哪类药物呢？大多数企业毫无疑问会选择后者。因为大量人群也就意味着有足够的需求者，产品才会有开发推广的价值。对产品进行核心卖点的提炼一定要使这一卖点面向足够数量的受众，而并非向极少数人宣传。当然，这也绝不是说诉求产品卖点时一定要越多越好，相反，如果指望自己的产品男女老少"皆宜"的话，也会相应地失去自己的核心卖点与消费群。这属于目标市场（消费群）定位问题，权衡利弊之后才能正确判断多与少。仅就这个例子来分析，你不可能指望少数几个宇航员能够带给你丰厚利润吧！当然，如果世界或某一个国家的宇航组织会给你一大笔报酬的话就另当别论了。

核心词必须包含特定的商品利益，能够促进销售，没有商品利益，创意就无从谈起。创意再好，如果不能给企业带来销售利益，也是徒劳无功的。

原则二：必须是消费者最关心的。

好的核心词不但能传达产品利益，更能引导人们形成一种健康快乐的观念和生活方式，使产品融入人们的日常生活，是消费者最关心的。面对众多层面的人群，喜之郎挖掘大众心中追求的价值标准，用感性的手法获取核心词——"亲情无价"。喜之郎的儿童是优秀的、健康快乐的、懂得分享的；喜之郎的青少年是充满青春活动力的、懂得友情分享的；喜之郎的情侣是永恒浪漫的；喜之郎的家庭是温馨亲切的、充满幸福的。"亲情无价"成为品牌与消费者在价值观上的联结点。喜之郎作为休闲食品第一品牌，最大的飞跃在于从观念上将售卖产品转换为售卖品牌，找到了品牌的核心词，并围绕着品牌核心词进行持续性、策略性的品牌运作。品牌的核心词成为品牌的利益和价值认知的关键点。

原则三：有独特性、差异性和戏剧化。

核心词要简洁、清晰、独特、明确，体现差异化。简洁是指内涵要简约；清晰是指概念要清晰，形象要突出；独特是指概念要具有创新性；明确是指核心词要精准，定位要聚焦；差异化是指要区别于竞品或竞争对手。

心灵喜欢变化，任何一个成功的品牌都必须蕴含一个戏剧化刺激。在信息过剩和失信的情况下，需要对核心词进行戏剧化的包装，必须在简约的前提下达到新闻化、戏剧化、娱乐化（简称为"三化"）。

新闻化就是要真实可信、新鲜；戏剧化就是要有故事、有情感；娱乐化就是既时尚又流行。具有"三化"特征的核心词像中子一样轰击铀核，引爆重核裂变般的媒体传播效果，从而快速提升品牌知名度和美誉度，高效创建强势品牌，能在信息的海洋里突围，所向披靡，使新闻传播犹如火烧赤壁般吞噬所有的连环战船，新闻以排山倒海之势顷刻间占领人的大脑，使品牌知名度空前提升，扶摇直上九万里。

产品本身的功能是同质化的，而消费者的需求却是多样化、个性化的，在这种情况下，差异化成了永恒的营销法宝。由于产品本身实质性的差异很难找到而且实现的难度较大（如涉及技术成本、模具成本等），在这种情况下，提炼核心词成了一种简洁有效的营销法宝，功能有限，技术突破有限，而消费者的心理感受是无限的。

原则四：说普通消费者的话。

核心词应该尽量避免使用拗口的学术用语，要让普通消费者听得清楚，容易记忆，任何烦琐、模糊的语言只会让企业花费大量的资金对产品做无谓的解释。同时，语言要生动，亲切，富于联想。

产品核心词要直击人心。尽量增加核心词的传播价值，如能成为流行文化或是人们的口头语，核心词的传播则将水到渠成。

核心词必须从产品实际出发，与产品核心利益功能紧密相连，还应形成一个具有产品认知、品牌价值、消费者认同等内涵及外延的概念体系，从而形成"人无我有，人有我优，人优我独"的竞争优势。

核心词的提出一定要基于消费者的需求，甚至是消费者还没有意识到的需求。

原则五：可信度。

产品的质量和品质是企业的生命所在，核心词必须依托产品的实际功效。假如一种化妆品的功能排序是减皱、去斑、防晒、美白，而市场需求排序是美白、防晒、去斑、减皱，那我们该怎样确定产品的发展方向？当然要以市场需求为准。

品牌成功塑造的关键在于诉求的真实性——诉求点引发共鸣。品牌核心词引发消费者共鸣程度的高低决定了品牌的影响力有多大！

对于消费者来说，接受或拒绝一个新的想法，不仅要看其实质内容，还要看这个核心词或口号是否与消费者多年来对这个品牌所积累的认知相吻合。

核心词是否准确以及是否具有可信度，是衡量与检验品牌成败的关键要素。品牌传播要达到希望消费者相信什么、凭什么使他们相信这两个目的。

当洁丽雅声称，它是毛巾第一品牌时，可能具备可信度因素。原因是洁丽雅的企业规模、销售量与消费者对其的认知都很不错，有能力支撑这个核心词。产品或品牌推向市场失败的主要因素是不具备可信度。换言之，若想塑造成功的品牌，就需要具备可信度因素，它可以消除消费者的顾虑，使产品不会受到消费者的质疑，为品牌的成功打造保驾护航。而当品牌的可信度不足时，品牌就成了无根之草抑或是无水之鱼。

七喜汽水在非可乐类饮料领域获得巨大成功后，四处宣传美国到处有七喜时，消费者却认为美国到处有可口可乐才可信。因此，七喜的销售量竟然因此下降了2个百分点。娃哈哈推出的非常可乐产品同样没有可信度，一个原因是美国人发明了可乐，所以美国的可乐才是最正宗的。这便是非常可乐销售失败的主要原因。另外一个原因就是可口可乐与百事可乐已经主导了可乐品类。

核心词的可信度成了品牌成功塑造的关键所在，可信度就等同于撬起地球的那个支点。支点的远和近决定了撬起地球的效果和效率。

2. "占"、"抢"、"借"、"创" 四法创建核心词

当今的市场营销不是产品与产品之间的竞争，而是品牌与概念之间的竞争。如果品牌没办法在这方面征服消费者的话，那么企业就举步维艰。我们

有不少质量不错的产品只是因为缺少核心词的提炼，没能为消费者提供一个基本参照点便以惨淡收场。这一基本参照点是建立在消费者的意识形态上的，属于看不见的资源。

如何找到一个适合企业，并得到购买者拥护的词语呢？我们总结了四个字："占"、"抢"、"借"、"创"。

（1）"占"——率先占领一个可以流传的词。在某一品类里，某个词语已经得到大多数消费者的认可，而其他企业却没有发现并使用这一词语，这时就应该率先占有它，抢先发声。例如，我们为豪门铝业服务，在相关调研中发现，它不管在技术、品牌影响力、销售额还是企业整体实力等各个方面都是行业绝对的领先者，可是企业非常低调，没有找出相关的词语去诉求，于是，我们为豪门铝业提炼了"领航者"这一词汇，作为品牌定位去推广，先占领这一定位。当然，这种率先占领的方式有一个同行都没有发声的前提，也可以把别人舍弃的词语或概念再用起来，并绝对地占有这个词。

率先占领词语大多发生在没有完全成熟的行业，在集体沉默的竞争群体中才能凸显。处在这样的领域的企业一定要积极地抢占对自身有利的资源。例如，在传统地域名品品类中，学会抢占历史资源、工艺资源以及产地资源等。"东北大米"、"依云源自阿尔卑斯山融化的雪水"等都是对地域资源的率先占领。

（2）"抢"——从竞争者那里抢词语。当一个能够影响购买决策、能够创造流行的词语被竞争者率先占领时，依据竞争者的实力情况，可以抢过来，使之成为自己的词语。当对手实力不如你时，你可以利用自己在市场上的影响力，争夺这个词语，让竞争者成为跟随者，并逼迫竞争者改变词语。有些企业不屑于这样做，事实上这是成本最低的方式，让实力不如你的企业去开发产品，你利用你的实力、网络快速进入，然后超越它，这是最高超的策略。

豆浆机是九阳创造的，并在市场上培育多年。当豆浆机得到广泛认可的时候，美的就快速跟进，并在短时间内成为这个品类的第一。在词语的争夺战中也是同理，如果实力比已经占有词语的企业强，而你又看准了这个词语，就要毫不犹豫、毫不客气地抢它没商量。

（3）"借"——饮料市场的核心词大战。汇源在鲜橙汁这个品类曾处于绝对领导地位。汇源花了不下几千万元的广告费，让消费者知道，喝汇源果汁，走健康之路。汇源的主要卖点是健康，那句广告词家喻户晓，汇源在果汁市场的第一把交椅坐了许多年。

统一经过市场研究后发现，中国的消费者认为喝果汁是一种时尚。于是，它大胆地推出一款鲜橙汁——鲜橙多。统一的精明之处就在于聪明地把消费者熟知并认可的资源挪为己用，提出了一个全新的广告口号——多C多漂亮。将鲜橙多摆在"维生素C"和"漂亮"这两个消费者熟知的认知上面，迅速获得消费者的认同，品牌快速走红，产品营业额几乎呈直线上升。统一鲜橙多主要的目标消费者属于年轻时尚的女性，巧妙地满足了目标消费者追求健康和漂亮的潜在心理。

康师傅认为，喝橙汁之所以漂亮，就是因为里面含有维生素C的缘故。因此它推出了新的果汁饮料"每日C"，同样销量斐然。

农夫果园更加用心良苦地用三种水果的混合汁取悦消费者；娃哈哈用"四种水果还加钙"的标语吸引消费者；健力宝更是出其不意地推出"爆果汽"，希望在成熟的果汁概念里，用"汽"领跑消费市场。

（4）"创"——无中生有的词，比真实存在的卖点更有效。所谓无中生有，就是针对产品现实而言从未有过的，不过按照逻辑或者利用逆向思维进行创新是可以的。时至今日，内衣市场的竞争越发激烈，我们根据消费者的需求与中国文化进行不断创新，引进行业之外的词，改造后变成自己的核心词。从面料、工艺以及包装等方面衍生更多的理念，例如婷美内衣在塑身这一概念下找到体现女性美的核心词——"挺"，直接针对女性的性感诉求，从而顺利坐上塑身内衣的第一把交椅。面对女性内衣市场追求时尚的特点与女性崇尚苗条的心理，婷美推出"瘦素"主题塑身内衣，也获得了巨大的成功。

精准定位品牌的核心价值

消费者不是简单地购买产品，同时也在选择一种观念和态度。希望知道他们所购买的产品背后的公司，希望知道公司的想法和观点。

品牌是由消费者的价值观念决定的。价值观是社会的精华。价值观描述了人们认为生命中哪些事情是重要的，比"需求"更深刻。在实际的品牌打造中，海尔一直倡导"真诚到永远"的观念，是观念营销成功的典范。

观念是最强大的品牌，一个品牌如果能以观念动人，那将会拥有无数的忠诚用户。可见，价值观的文化营销是市场竞争的制高点。

如今，越来越多的企业只提供一样东西给社会，这个东西就是企业的价值观，将产品由单纯的产品变为一种具体的意义，使这个公司的价值观让消费活动变为能产生忠诚度的"同梦者交流"。

形成核心主张，形成好的核心主张，才能产生品牌强大的生命力。

品牌将会成为未来市场竞争的基本元素。特别是对于同质化竞争与趋于成熟的市场更是这样，品牌经理的工作便是运用整合营销传播，创造差异化竞争优势。

品牌策略包括三个阶段,第一阶段是让消费者形成"品牌认知",第二阶段是转变为他们购买时的"品牌偏好",第三阶段是希望他们开心地为此付出"品牌溢价"。从无知到认知,可以通过广告完成,从认知到偏好直至溢价,就需要用独特的理念来进行情感沟通。

同质化竞争和成熟的市场急需品牌溢价。理念广告就是品牌溢价的有效手段。

所谓理念广告,就是指创造差异化竞争优势值得考虑的一条成功之路。这条成功之路的秘诀在于拥有一个强大的理念。这个理念就代表着品牌的精神力量。众所周知,这个精神力量必然超越产品本身,同时必须与产品有着某种神秘的联系。这对于品牌运营的水准有着很高的考量。

超越产品本身的理念究竟是什么呢?其中有一个原则一定是对的,那就是洞悉人类精神中的爱。如果了解爱,就不难寻找到巧妙的联系点。只有爱可以打动人、影响人、改变人。实现有效和深邃的沟通。

原则在于诉说的理念本应与产品本身存在隐秘的巧妙联系。让这一理念逐渐触摸到人心,使他们看到生命不息的希望或爱,激发内心澎湃的追想,或许就能让他们认同并上瘾。

在许多国际品牌看来,价值观是品牌必不可少的一部分。价值观的诉求是品牌,特别是大品牌的必行之道。

阿迪达斯说:Impossible is nothing;苹果说:Think different。这些品牌好像在尝试改变人们的思想,教导人们如何面对生活。消费者内心价值观的那部分领域是品牌营销的禁土,还是乐土?无印良品的哲学是什么?艺术总监原研哉说:"我觉得应该是顺应今后的世界,提供必要而合适的价值观的产品。"

当一个品牌希望扩张境界、登陆不同领域时,很难找到一个具象定位来整合它的品牌印象，只有在更高的精神层面去寻找这一定位。这时，只剩下品牌本身的理想或价值观才能够囊括其形象。

品牌价值观历经多种形态的演变后，如今较为典型的品牌价值观包括：最大利润价值观、经营管理价值观以及企业社会互利价值观。最大利润价值观是指品牌经营的全部决策和行动都以能否获得最大利润作为评价标准。经营管理价值观指的是品牌经营在规模扩大、组织复杂与投资巨额但投资者分散的条件下，受投资者委托的管理者，从事经营管理而逐渐形成的价值观。除了尽量为投资者获得最大利益以外，还尤为注重品牌经营者自身价值的实现。所谓企业社会互利价值观是 20 世纪 70 年代普遍存在的一种价值观，它要求在确保品牌经营利润水平的同时，将员工和企业以及社会这三者的利益统筹起来考虑，不能顾此失彼。这三种价值观分别代表了三个不同历史时期西方品牌的基本信念与价值取向。

时至今日，品牌价值观更加突出的特征是以人为中心，把关心人、尊重人作为人本主义思想的导向。

当代的品牌文化已经开始将人的发展作为目的，而不仅当作手段，这是品牌价值观发生的最大变化。正如德国思想家康德所说："在经历种种冲突、牺牲、辛勤斗争和曲折复杂的漫长路程之后，历史将指向一个充分发挥人的全部才智的美好社会。"

美国著名管理学家、现代企业文化学派的主要代表人物劳伦斯·米勒将品牌价值观分为以下 8 类。

（1）目标价值观。品牌经营须有崇高的目标，并把这种目标传达给全体员工，使全体员工在追求这种崇高目标时，实现自我价值。

（2）共识价值观。品牌管理者应改变传统的发号施令式的"指挥型决策"，实行"共识型决策"。建立共识是时代的要求，因为广大员工有足够的知识和智慧，也有参与决策的民主意识，让他们参与决策是对他们的尊重和肯定，可以激发他们的忠诚心和创造力。

（3）卓越价值观。追求卓越，攀登高峰，永不自满。这是关于杰出工作信念的理想境界，是一种精神、一种动力和一种工作伦理。

（4）一体价值观。品牌管理者和全体员工必须形成一种同舟共济的利益共同体。这是一种强文化的标志。

（5）成效价值观。行为是结果的函数，这是人类行为的基本法则。成效价值观是讲求效果的价值观。它要求把员工的工作和利益联系起来，付出与获取联系起来，成绩与奖励联系起来，使员工在需要不断得到满足的情况下把自身的能量最大限度地释放出来。

（6）实证价值观。用统计方法去衡量效益，是一项基本的管理技能。品牌管理者必须学会思考的方法，把基本数学观念应用于决策之中，因为品牌经营的成败全在于管理者和其他人员是否善于思考。

（7）亲密价值观。亲密感作为一种给予或接受爱的能力，是一种普遍的、基本的人性追求，它有助于提高信任和忠诚的程度。品牌管理者应努力营造一种和谐亲密的文化环境，使每个员工的积极性和创造性得到充分发挥。

（8）正直价值观。品牌管理者具有正直的人格和品质，才能赢得下属的信任和品牌的灵魂。

要找到有效的切入口，撬动消费，必须研究消费者心灵运作的方式。大单品的最高层面是（崇拜、爱慕），我们先得明白人们崇拜的是什么。为什么 LV、Dior 等奢侈品牌的消费者开始呈现低龄化趋势呢？并非因为年轻人个个富得流油，打动他们的也不完全是产品本身。真正吸引年轻人的是这些品牌所标榜的成功与富有的生活状态。他们想要的不只是一个上万元的包包，而是被名牌服饰、跑车、金表、豪宅环绕的珠光宝气的生活。这才是他们崇拜的对象、甘愿为之奋斗终生的目标。

所谓品牌的核心价值，就是指能够兼容多个产品的理念，也是消费者对品牌的概括理解。品牌构建的首个基本工作就是将品牌的核心价值弄清楚。品牌的核心价值代表着一个品牌的精髓所在，属于品牌独一无二且最有价值的部分。一个品牌通常会有一种被当作精神支撑的价值观，只有这样，品牌才不会空、呆板或平面，而是有血有肉、充满活力以及极为立体的存在。价值观的这种精神状态深埋于品牌之中，但消费者通过认识品牌就可以清晰地感受到它的存在。

坚守产品风格

在产品和品牌形象同质化的时代，只有产品的风格、个性才能创造竞争优势。产品的同质化程度越高，产品彼此之间就越缺乏明显的实质差异，消费者在选择商品时就越少运用理性的思考。

在这种情况下，企业迫切需要创造一个个性十足并前后统一的产品风格去影响消费者。落到实处的品牌就是产品；而走个性化道路的品牌，产品开发也一定要有个性化的风格。只有产品风格更加突出，品牌个性才会更加鲜明，也就更加具有竞争性。

同样是武打演员，李小龙的风格是凶狠，成龙的风格是幽默，李连杰的风格是套路正统，甄子丹的风格是实战，所以他们都有竞争优势。

卡帕作为运动品牌，主要把城市的年轻白领作为目标群体，因此，卡帕品牌选择走时尚路线，它的产品开发也完全按照时尚风格进行，在颜色搭配和款式包括收腰等各个细节方面，都凸显出时尚的感觉，深受城市时尚人群的喜爱。

一个品牌一旦给自己定了位，拥有了自己的品牌风格，那么，产品开发也应该遵循品牌风格，围绕品牌的风格来研发。简而言之，企业要拥有属于自己的产品风格。

拥有独一无二的产品风格，可以作为一个品牌发展的高级目标。最好做到消费者只要看见这种风格的产品，就会立马想到其品牌；看到哪种风格的品牌，就会立马想到其产品的样子，就如同索尼产品、苹果产品以及很多国际知名品牌的产品。

如果是电子产品，谁不想拥有与 iPad 一样的产品外观设计？那种时尚、高科技和酷的感觉，简直让人爱不释手。如果是 IT 产品，谁不想拥有索尼的产品设计呢？索尼的时尚外观和精美品质，让每个人都有惊艳的感觉。如果是运动服装，谁不想拥有像 Kappa 那样的产品呢？专门针对都市白领设计的运动休闲服，时尚、年轻而富有韵味。

没有坚守大单品产品风格的毅力，就不可能有大单品的长寿！

不过，要确保大单品的长寿，需要先保证大单品产品风格的前后一贯性，不可以随便改变产品的风格。哪怕在必要时需要调整产品的形象与进化产品的品质，产品的风格也一定要确保一致。

苹果从 iPod 开始形成以白色为主、黑色为辅的产品风格，在 iPad、iPhone 等系列产品上，进行了持续的坚守。

可口可乐坚守其红色；百事可乐坚守其蓝色。

英国服装名牌 Burberrys，几百年来就是以它那著名的标记——苏格兰格子花呢，受到世界各阶层人士的瞩目和青睐。穿着 Burberrys，全因酷爱其品质，也代表着一种崇尚品位的生活艺术，同时保持优雅自然的韵味。

　　这些品牌都长期坚持了产品风格（色彩等）的一贯统一。事实上，奥运冠军与亚军的差别，就是那关键的"一点点"；大儒与腐儒之间的差别，也就是那关键的"一点点"；营销高手与营销半瓶醋之间的差别，也是那关键的"一点点"。

　　在打造产品风格的队伍里，来不得半点"骑墙派"和"中庸主义"。亮出你的个性，亮出你的独一无二，你才有跻身长寿大单品的资格。

　　除此以外，需要不断刺激消费者欲望。消费者为什么会掏钱购买一个产品或品牌？这取决于消费动机。大单品要想长寿，就需要不断刺激消费者的购买欲望，用动机创造欲望。

　　消费者在很多情况下是喜新厌旧的，随着产品的丰富化和品类的不断创新，满足一种消费动机的产品和品类越来越多，产品的可替代性越来越强，即使是对于大单品来说也是如此。例如，同样为了解渴，消费者为什么非要选碳酸饮料这个旧品类或产品，而不选另一个诸如茶饮料、植物蛋白饮料的品类或产品？这就需要碳酸饮料品牌持续地进行消费动机的刺激。

　　一般来讲，为了刺激不同时代、不同地域的消费者的消费欲望，最有效的方法，就是寻求本时代的潮流和时尚，利用潮流刺激消费动机，利用消费动机达成消费欲望。

　　可口可乐就在不断地刺激消费者"解渴"的动机，它的感觉是"抓住这感觉"，其品牌核心感觉是"快乐无极限"，借助的载体是紧跟时代变化，从每个时代、每个国家的潮流和生活中，寻找各种与解渴有关的情节，刺激消费者用可乐解渴的动机。

　　强生婴儿洗发水是一个很好的例子，它劝导成人使用婴儿洗发水："你每天都要洗头，你需要柔性的洗发水，还有比婴儿洗发水更温和的吗？"市场业绩表明，这一营销战略相当经典有效。

英国美体小铺是一家美肤美发用品制造者和零售者,抓住这个时代最强大的潮流——"环保",利用"环保"去刺激消费动机。它提倡"反浪费"、"崇尚天然"等,持续地利用环保潮流来刺激消费动机:拒绝用动物来测试产品,保护稀有动物;包装也力求简单,保护热带雨林,提倡"再生概念"等。

持续扩大消费量

当一个品牌已经成为本品类代表的时候,当一个战略单品已经做大的时候,很多企业就有了产品成熟、产品老化、产品衰退的概念。其实,这些是最危险的概念。

只要持续地进行消费量的扩大工作,对于任何一个大单品,即使销量再大,它都不会出现产品衰退的情况,更不会出现产品销量停滞的情况。因为再大的销量,当分母为中国13亿人口、为每个中国人一年消费量的时候,任何一个大单品所占的份额都是极低的,其增长空间还有很大。

扩大消费量的方法主要有扩大消费频次、扩大单次消费量和拓展消费场所、拓展用途等。

(1)扩大消费频次,可以扩大消费规模。例如,宝洁从进入中国市场开始,就推出一系列"今天你洗头了没有?"广告,提倡人们养成每周洗头4~7次的良好卫生习惯;一些牙膏品牌鼓励消费者早上要刷牙,晚上也要刷牙。

(2)扩大单次消费量,可以扩大消费规模。例如,益达木糖醇在品类教育成功之后,持续传播"餐后一次嚼两粒,两粒在一起才最好"的理念,所以，它的广告创意也是利用两个人的爱情故事来表达"两粒"的意思；佳洁士牙膏的广告画面中，广告模特总要挤出盖满牙刷头的牙膏，其目的就是引导消费者要扩大单次消费量。

（3）拓展消费场所，也可以扩大消费规模。例如，王老吉不管是在广告、促销活动还是软性宣传中，都演示更多的饮用场所，如餐饮场所、家里、户外、办公室、网吧、酒吧等。

（4）拓展用途，也可以扩大消费规模。例如，王老吉结合不同区域或人群的特点，提示日常生活中容易"上火"的情况，如沿海湿热、北方吃烤肉、上班族熬夜、吃四川火锅、吃湘菜等情形下，倡导凉茶的更多使用。泰昌足浴盆不仅倡导冬天洗脚"暖脚、活血、助睡"，也倡导夏天更要洗脚，宣传足浴盆是四季可用的产品。

除了以上四种方法，扩大消费需求规模还有一个重要方法，那就是扩大品类规模。

当一个品牌已经成为本品类代表并占有最大市场份额的时候，特别是当品类规模已经膨胀到瓶颈阶段的时候，品牌销量的来源不应是抢夺竞争对手的市场份额，而应从整个品类的角度，扩大品类的消费规模，以持续地扩大消费规模。

例如，康师傅方便面 2015～2030 年的目标，就是希望中国人年均消费方便面包数从 30 包上升到 60 包；劲酒在保健酒品类中占有垄断地位，为了扩大保健酒品类规模，劲酒不惜将自己的技术、厂房等资源开放给竞争对手，希望与竞争对手一起成长和做大品类。

总之，不论是扩大品类规模，还是提升消费频次和单次消费量，或是拓展消费场所与用途，其核心目的，都是为了实现顾客渗透率、普及率、满意度的持续提升。

为品牌注入情感和爱

有了情感和爱，人们才想要结婚、送礼及付出。与生活中人与人之间的情感一样，一旦将情感与爱注入品牌，产品质量不能替代品牌情感，于是，消费者在购买品牌时，做出抉择就会容易得多。

消费者是理智和情感兼具的对象，产品的物质卖点打动的是消费者的理智，但这还不够，还需要情感的力量。赢得消费者的情感就会赢得他们的理智。市场营销的成功从人们的情感开始。

你不能肯定情感的影响力有多大？那么，请回忆一下你曾经有过的重要时刻。这重要时刻可能在你年轻时代出现过——在大学或中学或在你进入青少年时代之前出现过。回忆起那些情感时刻，你也许觉得好笑而笑出声来。但是你记住了那段时刻而不是其他时刻，因为那段时刻触动了你的情感。

情感的影响力，心灵的感召力，正是我们营销人员可以利用的力量。一件能触动情感的产品是能让人记住的产品。几乎在每一次购买时，心理作用都大于头脑的作用，虽然消费者不承认，或者说他们往往没有意识到这一点。

情感的分享是消费者对你的产品从情感上而不是理智上做出的反应。情感是你与消费者之间的联系——消费者通过感觉而不是冷峻的事实对你的产品做出情感上的反应。正因为这样，你把有关产品的所用成分汇集在一起，再产生的产品已远远不是各个成分的总和。

当你把灌注了极大情感和个人价值的产品推销给个别消费者时，你得到了情感的分享。正是你输送给消费者的极富情感的信息使他们喜爱你的产品。

那么，如何让一个品牌成为爱的对象？如何为品牌注入情感和爱呢？

第一种方法，是把品牌打造成消费者的朋友、一个有个性的人，让品牌与消费者一起去面对困难、面对歧视和不理解。让品牌成为消费者患难与共的朋友。

就像哈雷机车那样，它的成功之处在于它的老板把哈雷机车捐献给美国军队，成为第一次世界大战和第二次世界大战时期的美国军车。另外，在20世纪60年代和70年代，它成为美国嬉皮士的最爱，拥有"逍遥骑士"和"地狱天使"之称，嬉皮士们常常骑着它以显示自己的与众不同和叛逆。

美国后来出现了一句谚语："年轻时有辆哈雷戴维森，年老时有辆凯迪拉克，则此生了无他愿。"可见，哈雷机车已经成为美国人心中的梦想，他们只要一听见哈雷机车的轰鸣声，就忘乎所以。美国总统布什也是哈雷迷。美国前空军上将在集会时，经常开着哈雷机车载着妻子去参加聚会。

第二种方法，是把品牌与消费者的美好记忆联系起来，或者让品牌成为消费者心中难以割舍和永远怀念的对象，或者这个品牌让消费者想起曾经做过的事或去过的地方，或者让消费者想起生命中某个特别的阶段。例如，戴·比尔斯的"钻石恒久远，一颗永流传"，就是把钻石与爱情画上等号；柒牌男装的中华立领，就是把衣服与庄重的场合画上等号；泊客行者箱包的"为梦想行走"，就是把箱包与梦想画上等号……

第三种方法，是让一个品牌成为一个人向另外一个人传递重要信息的工具，代表着这个人对另一个人的爱、感谢或者尊崇，让品牌成为蕴含着爱、表达爱和尊崇的道具。如让品牌表达爱情、表达孝心、表达尊敬等。

泰昌足浴盆的"为天下父母洗脚"，就是用足浴盆表达孝心；哈根达斯的"爱她，就带她吃哈根达斯"，更是赤裸裸地将冰淇淋与爱情挂钩；大重九香烟的新广告语是"方便亲切交谈"，品牌画面上有着浓重政府特征的两把沙发、一张茶几和一个烟缸，非常清晰地表达出尊重的意思；奥佳华按摩椅创作的"劳心的人，别劳身"，既是送礼者对帮助过他的受礼者的谢意表达，更是表达对成功人士的关心，还是在送礼时表达送礼者的关怀与祝愿的道具；益达口香糖的"你的益达"，则表达出一个人对另一个人的爱。

总之，形象和情感是营销世界的力量源泉。我们的欲望是很大的动机，它需要挖掘。只要你发现了顾客需要什么，你就尽力去满足他们的需求。人类是不会满足的，一个需求满足了，另一个需求又产生了，这个过程永无止境，连续不断。所以，我们要去挖掘他们的需求和欲望。

赋予品牌以情感和爱，还有很多方法，如控制的欲望，重新评价生活，我比你出色，发现的兴奋，家庭的价值观，有趣、新奇和刺激，渴望成为最成功的人等。

抢占心智，让消费者第一时间想到你

企业真正的目标是通过开创新品类成为首个进入潜在顾客心智的品牌，最终主导某一品类。换句话说，只有成功抢占心智的战略单品，才是真正意义上的战略单品。

想占领消费者心智，必须坚持两大原则。

一是要快速抢位。消费者的信息存储空间有限，一定要快速抢占，快速置换。只有在消费者心智中抢占有利位置，消费者才会在消费的那一刻条件反射般地想到你。

二是入眼更入心。在今天的市场形势下，不仅要吸引消费者的"眼球"，更要让消费者对产品"动心"，对品牌"动情"；产品不仅要"抢眼"，更要"抢心"。入眼更入心才能让消费者从记住到认可。以下四个要点将帮助新品类进入消费者的心智。

（1）启用新品牌。企业推出新品类时在品牌策略上有两种选择，一种是启用新品牌，另一种是沿用老品牌。企业最佳的选择是启用新品牌，原因有两个：首先，品牌是某一品类的代表，在消费者的心智中，一个品牌名通常最能代表的只是某一品类。其次，消费者的心智更容易接受一个标注新品类的新品牌，新品牌可以带来新奇效应，更容易引起关注，同时也更容易引发对新品类的话题和口碑效应，而沿用老品牌的新品类产品则容易被忽略。

蒙牛开创了高端牛奶新品类，并使用了新品牌"特仑苏"，最终将其做成了开创中国高端乳品新局面的成功品牌，可以说，其成功不仅在于产品优势，更在于完善的品牌经营方式和持续一致的定位。

从国内现有乳品消费形态来看，在城市消费群体中，液态奶在很大程度上已经被人们当成日常健康食品。近年来，国内消费者的消费结构正在由消费生存型向享受发展型转变，追求"高质量的生活"渐渐成为主流的消费态势。为顺应消费者追求高品质生活的趋势，特仑苏开启了牛奶高端品牌的时代，而特仑苏这一崭新的品牌名契合了高端的品牌形象。

（2）新品类命名。在市场营销中，名字是企业最重要的决策，其重要程度不逊于开创一个品类。因为名字是与消费者心智接触最为紧密的部分，所有的营销和传播活动都与名字相关。

每个创新品类的品牌都面临两种命名考虑，一个是品类名，另一个是品牌名，二者命名的要求截然相反。品类名要具有通用性，避免太有创意；品牌名则要求具有独特性，有创意，能巧妙反映品类的特征。

　　具体来讲，品牌的价值在于它所代言品类的价值，如果是一个新品类的商品，就要想好这个新品类的品类命名，一定要让人们可以通过这个品类命名来准确地认知这个产品。如绿茶、红茶、冰红茶、乌龙茶、豆奶等，品类名简洁、清晰，潜在消费者容易理解。只有这样的品类命名才是正确的，才能促进品类良好发展，从而让你的品牌价值得到提升。

　　品牌名则要独特、简单、顺口，寓意品类某种特性，好的品牌名有可口可乐、白兰地、喜力、百威、海尔、格力等。与品类命名的误区相似，很多企业喜欢采用通用性的品牌名，认为这样做可以垄断整个品类，这是一个命名上的致命错误。典型的例子是伊利的金典牛奶，很显然，对于消费者而言，金典让人联想到的是"经典"，"经典"并不具有独特性，却有明显的通用性，很多产品都有"经典"系列。

　　另一个品牌命名的误区是，借助已经建立广泛知名度的"名字"为品牌命名，期望这样可以节约传播成本。刀郎成名之后，有企业推出了"刀郎酒"；水立方出名之后，茅台集团推出了"水立方酒"。这些做法看似有创意，但本质上与采用品牌延伸策略类似。通常已经建立广泛知名度的名字都已在消费者心智中占据了牢固的位置，例如刀郎是一个新疆民歌手，要"修改"这一既有的认知，所花费的代价远高于所节约的传播费用，最关键的是，心智一旦确立，便无法更改。实际上，你会发现使用这一策略的品牌鲜有成为大品牌的例子，原因正在于此。

　　（3）打造标志性视觉。正如劳拉·里斯在《视觉锤》一书中所指出的那样，将"言语钉子"钉入潜在顾客心智的最佳方法便是凭借一个"视觉锤子"。因此，战略单品的推广应充分认识到标志性视觉的战略价值，经过打造视觉锤子传达品牌定位。

40年前，阿尔·里斯在其所开创的定位理论中指出，营销战争的终极战场在于潜在消费者的心智，而消费者的大脑分为左脑和右脑两个部分，右脑负责处理视觉信息，左脑负责处理文字信息，两者相互影响。而视觉往往先于文字被大脑接受，并留下更为深刻的形象。

商业战场中的案例屡次证明了标志性视觉所具有的战略价值。白酒品牌洋河"蓝色经典"便是其中之一。大多数白酒品牌都选用红色作为主色调，"蓝色经典"选用了蓝色，并选用了类似洋酒的瓶子外形，在许多白酒品牌中崭露头角。从广泛认知上看，蓝色并非白酒品牌的最佳选择，由于蓝色给人现代和高科技的感受，并不契合中国白酒侧重历史、喜庆的调性，但最重要的是，蓝色具有满意的差异化，商场上有以红色、黑色、黄色作为主色调的白酒品牌，却没有蓝色。

在王老吉商标抢夺战中，对"红罐"知识产权的抢夺更是标志性视觉战略价值的明证。广药集团与加多宝初步的抢夺焦点在于"王老吉"商标，继而转移到"言语钉子"——怕上火，喝某某，最后转移到了"红罐"包装。为什么"红罐"如此重要？原因就是红罐已经变成标志性视觉，变成消费者心智中代表"正宗凉茶"的符号。

（4）多点聚焦。许多传统战略学者认为，品牌是战略的结果，只要建立起独特的企业战略，自然就能形成品牌竞争力，实际上这是因果颠倒。品牌是商业竞争的基本单位，而公司是商业运营的基本单位。如果用军事语言来表述的话，品牌就是作战武器，公司则是作战平台，作战武器引导作战平台运行的方向。

依据传统的企业战略理论，战略自上而下呈三层金字塔结构：公司层战略、事业层战略、职能层战略。下一层级战略接受上一层级战略的制约与指导，营销只是第三层级的一个普通职能，而品牌战略（营销职能一部分）则是整个企业战略的一部分，旨在传播、塑造品牌形象。无数企业成功与失败的战略实践证明，企业需要把金字塔倒过来，才更加符合实际。

以开创品类的品牌战略为主导，引领企业职能层与公司层战略资源的系统整合。而事业层战略实质上有关品牌的业务竞争战略（企业内部看到的是一个个业务，而顾客看到的是一个个品牌）。职能层对业务运营起直接支持的作用，公司层服务于多个业务运营（外在表现为品牌群战略）的协同以及外部并购联盟（起着扩大与深化既定品类战略或剥离与收购品牌的作用），最终建立起主导品类的品牌。

20 世纪 90 年代，IBM 成功的战略转型是这一自下而上的品类战略的生动体现。它以面向企业的"集成电脑服务商（品类）"为战略定位展开战略配称。

在产品和财务上，开放产品标准，支持代码开放的 Linux 操作系统与微软 Windows 抗衡；先后投入 10 亿美元用于 Linux 的研发。

在人力资源和价值观上，由制造型员工向全面知识型员工转型，确立三条新价值观，建立全球企业服务咨询部，提供全方位的整体服务模式，及信息技术应用方案，乃至经营战略方面的咨询。

在公司层面上，通过组织变革使各分支单位成为利润中心，从而使组织结构分权化，并发展出网状组织，进行层级缩减、组织扁平化。通过兼并、分立、剥离、联盟等手段对 IBM 的业务进行了重新组合，强化突出软件与服务咨询等核心业务。

【大单品例证】

把酒当饮料卖——看 RIO 鸡尾酒的崛起

随着电视剧《何以笙箫默》、综艺节目《奔跑吧兄弟》等大红大紫，五颜六色的 RIO 开始走俏，还令其所属的百润股份也跟着火了起来。自从 2014 年 9 月发布收购 RIO 预案至今，百润股份的股价已从不到 20 元上涨至 112.9 元。

一手导演 RIO 走红及百润股份资本神话的，是出身卷烟厂的刘晓东。他用了十年将酒不算酒、饮料不算饮料的全新产品 RIO，从欠债 2500 万元打造成半年营收 16.17 亿元的爆款。

早在十年前，身为百润香精公司总裁的刘晓东为谈生意，出入上海夜场，见惯了其间的挥金如土。百润香精公司当时做香烟香精，在全国一年的销售额，抵不过一套鸡尾酒在上海 13 家夜场一个月的销售额。

有利润，就有诱惑，刘晓东不禁怦然心动。上海夜场灯红酒绿，啤酒、洋酒、饮料三分天下。刘晓东并不敢直接与洋酒硬碰硬。他别出心裁地把伏特加和果汁搭配在一起，一个酒不酒、饮料不饮料的新产品——RIO 预调鸡尾酒诞生了。

RIO 预调鸡尾酒在夜场频频失利，这也让刘晓东醒悟过来。预调酒的出路不是夜场的土豪，而是追逐时尚的年轻人！

刘晓东打出定位更显精准的"小姐妹聚会的青春小酒"口号，直接把产品定位为年轻女性专用，并且宣称，这是白场（相对夜场而言）鸡尾酒。

对于初入社会的年轻女性，聚会频多，喝饮料不能助兴，喝酒容易失态，

"小姐妹的青春小酒"时尚、精致又有范儿。一时间，RIO 盖过了冰锐的势头。2010 年，RIO 实现盈利 1000 多万元。

之后，RIO 为了和冰锐竞争，推出新的品种。新增了蓝玫瑰＋威士忌、香橙＋伏特加、青柠＋朗姆等 9 个新产品体系。在包装上，RIO 更是挖空心思。预调酒多是玻璃瓶，为了方便，锐澳出了铝罐装；为了炫酷，更开发出粉、蓝、紫等六色发光瓶。

2014 年，RIO 一举击败冰锐，成为新的行业老大；并继续拉大两者之间的距离。RIO 看准年轻市场，一鼓作气，于 2015 年 4 月植入《奔跑吧兄弟》第二季，以及《杉杉来了》、《把爱带回家》、《你们被包围了》等十余部电视剧。从单纯的广告代言到活动互动，再到现在的大剧营销，RIO 的品牌效应已经难觅对手。其只需要做好高空拉动，甚至连促销都不做了。

2014 年 RIO 营收 9.8 亿元，2015 年第一季度 7.7 亿元，全年预计 40 亿元，未来 2～3 年达到 100 亿元。这一份成绩单除了预示强者恒强，让行业老二不敢觊觎之外，更是给鸡尾酒行业的怀疑者们一个干脆响亮的回答：鸡尾酒的未来繁花似锦，前程无量！

柳江鸡蛋——绽放鸡蛋的价值

"苏丹红"辣酱、毛发酱油、石蜡火锅底料、瘦肉精、毒大米、地沟油……问题食品之多、涉及范围之广、造成恶果之重，到了令人谈"食"色变的地步。更让人吃惊的是，竟然出现了假鸡蛋！

近年，接二连三的食品安全问题，打击了人们对食品安全的信心。于是为了安全，几经周折托人购买农家产品，找不到农家产品就去大超市购买打着各种口号的"绿色"鸡蛋。

为了弥补市场的空缺，抓住市场机会，提供安全、让人放心的鸡蛋，柳江集团找到采纳营销专家，希望通过采纳营销专家的努力，帮助柳江鸡蛋"一举成名"！经过分析，采纳营销专家认为，消费者追求的纯天然与绿色无非是营养与安全。其实，消费者购买商品的原因很简单，就是因为该商品的一些功能满足了消费者的需要，但是大前提是要保证产品的品质，这样才能使消费者对该品牌建立信心。经过仔细挖掘，发现柳江鸡蛋的特点在于"林下超低密度散养"饲养模式，这是柳江首创的饲养模式，这种全新的饲养模式开创了中国养鸡行业的新时代！

1. 群龙无首，独领风骚

经过了解，采纳营销专家发现柳江鸡蛋利用全新的饲养模式，解决了笼养蛋品质差、疫病严重的问题，也解决了农户散养的产量问题，是企业的核心竞争力。与国际鸡蛋行业接轨，将鸡蛋的价值升华。利用稀缺地的自然环境实现林下超低密度散养的养鸡模式，达到鸡、地、草、树四者和谐共存，是养鸡行业的生态牧养。

2. 养好鸡，才能产好蛋

（1）鸡好，蛋才好。柳江集团精选优质蛋鸡品种，蛋鸡的品种是国产品种中最好的，经过多年的选育，蛋鸡的生产性能在国内蛋鸡品种中遥遥领先。

（2）原料好，蛋才好。鸡自由觅食，吃天然虫、草和有机粮食。有机粮食由东北的有机玉米、绿色醇香的松针粉搅拌而成，喝着经净化机处理过的纯净水，加上人工的精心呵护，经过 39 道工序严格甄选。所有鸡吃的原料品质均有保证！

（3）饲养模式好，蛋才。柳江集团全程坚持山林生态牧养，在这里，蛋鸡呼吸着新鲜空气、住着小别墅、听着班得瑞的轻音乐、洗沙浴、享受着星级服务，而且每只蛋鸡均有公鸡相伴，在音乐中快乐地产蛋，整个过程完全符合甚至超过欧盟倡导的"动物福利"标准。

（4）管理好，蛋才好。柳江集团的鸡蛋有严格的质量管控，每枚柳江鸡蛋都经过喷码处理，都有自己的"身份证"，以先进科技确保鸡蛋品质。同时，柳江集团产品率先通过"中国有机/欧盟有机"双认证，欧盟有机认证是全球最具权威的有机体系认证。

3. 营养价值"百分百"

通过"四好"原则，采纳营销专家帮助柳江集团确立了优质鸡蛋标准，从依山依林生态牧养蛋的产量看，一只蛋鸡2~3天才能产一枚蛋，而普通蛋鸡在激素和抗生素的刺激下，1天就能产一枚蛋。对人而言，生态牧养蛋的蛋白质品质最佳，仅次于母乳。

采纳营销专家还帮助柳江集团建立家庭配送模式，即直接将鸡蛋从生态牧养场送到客户家里，减少中间环节，直接送货上门，从产蛋到将鸡蛋送到客户家中不超过3天，最大限度地保证鸡蛋新鲜。

好鸡、好料、好饲养模式、好管理孕育出的好鸡蛋可以体现出柳江鸡蛋的价值，在消费者心目中也树立起营养、新鲜的价值感。让消费者愿意购买鸡蛋，就要让消费者看到价值——生产过程。确定了你的过程，就肯定了你的价值。

第七章　精心引爆"明星"大单品

大家都知道，无论是歌星、影星还是笑星，他们成为明星的渠道大概有三种：一是靠自己不断的努力和拼搏；二是靠机遇，如某个好剧本、好歌曲使其一夜成名；三是找个好导演和好经纪人。明星如此，其实产品也是如此。要想成为明星单品，企业不仅要给产品准确的定位和包装，而且产品的渠道选择也极其重要，它是产品能否成为"明星"的主要因素之一，不容忽视。

包装也是商品的组成部分

俗话说，"货卖一张皮"，大多数人给包装下的定义太狭窄，只是简单地把它看作产品外面裹着的那层东西，其实，包装的定义远远不止于此。

战略单品不能默默无闻地躺在货架上，应该选择更好的包装，尽量有特点，战略单品的包装就是一个无声的广告，更是一个区隔不同品类的工具。

包装不是容器，它是品牌，是产品。我们在打造大单品时，包装要有区隔对手品类的功能。

包装与广告一起，共同构建和维护一个大品类的特色。其中包括包装的形状、材质、造型、颜色和有限几个品牌视觉元素。

能否在全国范围内迅速占领一种形状、颜色和品牌视觉元素，直接涉及品牌传播是否到位、品牌与产品的关联是否准确。

（1）造型。一般的饼干包装都是圆形有机膜，我们为奇客想出来一个三角形纸质包装，大方新颖，放在终端能先挑出来，同时能占据更大排面，也容易立得稳。

（2）材质。在为洪盛源山茶油策划时，将茶油常规的塑料壶材质改成了铁盒装与玻璃瓶装，既提升了档次，又更能体现品牌的定位。

（3）色彩与图案。新产品包装色彩与图案的选择，首先，不要违背人们的选择习惯；其次，必须能够调动起顾客喜爱的情感；最后就是在选择动植物图案时，一定要研究各地不同的习俗文化，避免与之发生冲突。

在包装图样的设计中，色彩和图案是决定包装成败的核心要素，通常由该领域的专家对颜色和图案的设计进行反复试验和改进。同时，市场营销研究人员还要进一步做好市场测试。

1）所用的色彩不要违背人们的选择习惯。如黄油如不用黄色的包装设计而用其他颜色就显得不和谐，咖啡用蓝色包装同样影响销售。因为长期以来人们已经对某些颜色表示的产品内容有了比较固定的理解，这些颜色可以称为商品形象色，许多商品形象色来自商品本身，如茶色代表茶，桃色代表桃，橙色代表橙，黄色代表黄油和蛋黄酱，绿色代表蔬菜等。颜色甚至还蕴含着味道，日本市场学家作过一些心理测试，请顾客看两种品牌的咖喱包装盒，分辨带甜味和带辣味的咖喱。其中，古里科牌咖喱是甜味型的，但70%的人看着它红色的盒子认为它是带辣味的。代表商品形象的颜色其实并不是复杂深奥的东西，只要选择正确，顾客都可以极自然地理解它。

2）必须能够调动起顾客喜爱的情感，因为顾客的喜厌对购买冲动起着极为重要的作用。某种色彩能否引起人们的综合生理和心理效应，与个人以及个人所处的环境有密切关系。人各有自己喜爱和讨厌的颜色，这当然是不能强求一致的，但并不是没有共同点。例如，大部分女性都喜爱白色与红色，包括粉红色，它们被称为女性色。女性用品的包装使用白色和红色，就能引起女性的喜爱。而男性则喜爱黑色，男性专用品的包装用黑色就能获得男性的青睐。另外，各民族又有不同的喜爱和讨厌的颜色，美国人喜欢黄色，使用黄色包装的商品都较为畅销，如柯达彩色胶卷、库雷罗鲁的化妆品、玛克鲁·法库塔公司的防晒油等。但日本人不喜欢黄色，在日本采用黄色包装往往影响销售。因此，产品包装的色彩只有引起顾客的喜爱，这样的商品才有可能引起顾客的注意。

3）在选择动植物图案时，一定要研究各地不同的习俗文化，避免与之发生冲突。

山羊：在英国，山羊既有"不正经的男子"的含义，也有"坏人"的意思。

孔雀：在英国人眼里，孔雀是灾祸的象征。孔雀开屏在英国被认为是自我炫耀的不良习性。西方有很多民族害怕斜眼，而孔雀开屏正好显示出羽翎上眼状的花纹，好像许多斜眼，所以招忌。

猫头鹰：在瑞士、中国，猫头鹰被认为是死亡的象征。

狐狸和獾：中国人、日本人对饰有狐狸或獾图案的包装很反感，因为他们认为狐狸和獾是贪婪、狡猾的象征。

仙鹤：在法国，仙鹤是蠢汉和淫妇的代称。

鹿：在巴西，鹿象征着同性恋。

蝙蝠：在美国，蝙蝠是凶神的象征，和恐怖、死亡、不吉祥联系在一起，连小孩子也知道蝙蝠是可怕的"吸血鬼"。

牛：在印度，包装图案上禁止用牛。

猫：比利时人视猫为不祥之物。

菊花：法国人、意大利人、西班牙人常将菊花用于葬礼。

荷花：日本人忌用荷花，他们认为荷花意味着祭奠，被视为极乐世界的象征。

核桃：德国人视核桃为不祥之物。

黑桃：法国人忌用黑桃图案。

垂柳：在中东，垂柳表示悲伤与死亡。

白色百合花：在英国，白色百合花专用于葬礼。

包装图样还是生产厂商一项很重要的促销媒介，尤其是当许多产品都相似到难以区别时。当可用的产品信息很少，而且产品大小和价格都很相似时，在顾客选购的过程中，包装是最具影响力的一种形式。包装对促销的影响，显示在生产厂商所争取的零售店货架展示面上。货架上展示面的增加，也就是产品陈列的增加，加上足以吸引顾客注意力的包装设计，这就是购买点上最重要的宣传媒介。

包装还承担着传播产品属性的理性诉求任务。

包装要具备排除外界干扰的能力。实现这种排除外界干扰的方法之一，就是包装符号化，一个容易识别的符号，一个大的、特别的色块，能够帮助包装实现区隔功能。例如，洋河蓝色经典的蓝，泰昌足浴盆包装上的洗脚画面，狂神体育用品包装的火红，莱姿化妆品瓶身上的竹叶符号等。

当包装设计大体完成时，最好能制作数个不同的外观，比较它们在展示架上的视觉效果，因为一个产品与一群产品放在一起的视觉效果是不同的。

产品重要，服务也越来越重要

产品重要，服务也越来越重要。说起服务，先想到的就是海底捞。下面看看海底捞"超值服务"的几个典型段子：

我在海底捞吃饭，忘带钱了。领班说："没关系，下次补。"又掏出 50 元钱说："这个您拿着打车。"我感动万分，由衷地说："等我有钱买车，一定给海底捞当一个月义务司机。"领班马上掏出一张银行卡："拿着现在就去买。"又喊过来一群服务员："听大哥的口音，不像是本地人，估计没北京户口，你们现在就去排队帮大哥摇号。"

在海底捞吃火锅，剩下两片羊肉，我喊服务员："请帮我打包吧！"服务员微微一笑："抱歉先生，不能打包，涮过的羊肉打包会不新鲜。"我虽愕然但表示同意。起身走到门口，海底捞的服务员牵着一头羊出现在我面前："先生，涮过的羊肉不能带走，但这只羊您可以带走。"

在海底捞吃饭，席间与朋友闲聊，我焦虑于稿子还没写完。等买单离席时，一位服务员在我身后狂追，我以为落下什么东西了，但只见她气喘吁吁地递给我一个 U 盘后便转身离开，回家打开一看才惊呼：哇，稿子已经写好了！

无论真实与否，这些段子能够在互联网上疯狂转载，其实质代表了消费者对超值服务的一种需求与渴望。

海底捞一直坚持"服务至上，顾客至上"的理念，以创新为核心，改变传统的标准化、单一化服务，提倡个性化的特色服务，致力于为顾客提供

"贴心、温心、舒心"的服务。海底捞的服务不仅体现在某一个细小的环节，而且形成了顾客从进门到就餐结束离开的一套完整的服务体系。海底捞的服务之所以让消费者印象深刻，就在于其将其他同类火锅店所存在的普遍性问题通过服务的形式予以了很好的解决，例如在就餐高峰的时候，为等候的客人提供一些让人感觉很温暖、很温馨的服务，又如免费的各式小吃、饮料，同时，顾客在等待的时候还可以免费上网，女士甚至可以在等待的时候免费修理指甲等。

对于顾客来说，他可以原谅一个人的技术水平稍差，因为能力有高有低是正常现象，却不能容忍一个人的服务态度差，更不能容忍别人不尊重自己。而优质的服务恰恰体现了对客户的尊重。当一个人感觉自己受尊重的时候，往往也就忽略了很多别的东西。而海底捞正是抓住了顾客的这一心理特点，做足了文章，将顾客的心牢牢地抓在了手里。

服务的最高层次是从满意到感动，在竞争如此激烈的餐饮市场，众口难调，海底捞将服务细节做到极致，超越了顾客对餐饮业的饮食需求和服务的基本期望，是一种超出客户期望且满足客户潜在需求的服务，这种服务是差异化的"客户感动"。当感动不断重复出现的时候，顾客就在一定程度上形成了对该产品和服务的固定认识，对服务的评价与认识也就随之提高到相应的水平，从而成为忠实的消费者。

如果说服务行业的利润主要取决于由顾客持续不断的满意带来的忠诚度，那么，海底捞的案例证明：让用户满意甚至感动的个性化服务，就是海底捞独具的竞争力，与消费者建立了牢固的有效连接。优质的产品与服务，就是海底捞风靡全国的本质原因。

每个人都是消费者，所以在服务方面，每个人都有亲身体会。身为"上帝"，有谁希望花钱买气受呢？

市场经济的不断发展，商业竞争的日趋激烈，人们消费水平的不断提高，尤其是产品越来越同质化，都明确地向我们表明：如今是服务的时代。

质量是市场的基础，但在质量之外，服务更能使一个企业在市场上确立自己的品牌优势，赢得顾客。随着"哪儿服务好就上哪儿买"的呼声越来越高，不难看出，优秀服务的作用与世界上最精准的仪器同样重要，它是我们在激烈竞争中常胜的有力保障，也是企业得以更好发展的重要保证。在当今的市场竞争中，服务已不再是企业的分外工作，而是品牌的第二生产力，是市场竞争的焦点，是企业赢得市场、赢得顾客、赢得利润、赢得信誉的重要武器，是品牌扬名的重要途径。

坚持不断改进自己的服务，须把握以下几个关键点。

（1）坚持改进服务，是企业发展的战略。服务竞争如逆水行舟，不进则退，特别是在如今这个"拼"服务的时代，唯有不停止服务创新的步伐，才可能不被淘汰。

（2）改进从小处着手，见微知著。服务的改进不是动不动就像阿Q一样喊出"革命"的口号，改进往往体现在小处。家乐福坚持改进服务，就是从小处着手，小处显大文章。

（3）根据市场需要，不断调整服务模式。市场变幻莫测，需要我们时时保持敏感的神经末梢，不断调整服务模式，以适应市场脉搏。

（4）本着便捷、高效的原则，让顾客感受更好的服务。随着消费节奏的加快，消费者视时间为金钱，谁能给他们提供更快捷的服务，谁就能赢得更多的机会。所以在改进服务的时候，一定要本着方便、快捷的原则，删去一些不必要的服务环节，让服务更加紧凑、高效。

如果你想让服务达到"语不惊人死不休"的效果，请牢记以下几点：

（1）超出常人的思维，才能"出奇制胜"。一般人能想到的服务方式，早已令人有司空见惯的感觉，如果再用难免有"炒冷饭"之嫌。勇于超越常人的认知，才能做到出奇制胜。

（2）根据服务项目的特点，在特定的范围内突破。出"奇"不能脱离行业或服务项目特点的限制，在特定的范围内出"奇"，才能达到留住顾客的目的。

（3）出"奇"不是作秀。出"奇"的目的是赢得顾客。运用奇特的思维，采取一定的服务方式吸引顾客，是经营者的目标，但"奇"要奇得有用，能给消费者带来实在的益处。

（4）出"奇"只是手段，优质服务才是关键。采用超常规的服务方式，现实中往往只能达到吸引消费者眼球和兴趣点的目的，而这种兴趣点消退之后，优质的服务才是让顾客青睐的最关键点。

我们都在争创品牌，而品牌效应是建立在千千万万用户的口碑之上的。不用自己用力吹嘘，服务做好，客户自然而然会越积越多。我们在服务与社会生活中扩大自己的品牌影响力时要注意以下几个因素。

（1）服务的品牌形象具有群体传播的功能。优秀的文化大多在群体交流中得到传播与承载。同样，好的服务与良好的品牌形象，也大多在群体中得到传扬。忽视群体中任何一个小小的分子，都有可能让你失去在整个群体中树立起来的形象。

（2）服务的优劣伴随着美誉度而递增或锐减。"凡有的，给他更多；而没有的，连他原来有的也要夺去……"这是对马太效应的一句经典阐释。在某些方面，马太效应的特性和"250定律"有着一定的相似之处。在服务中，树立一个良好的品牌形象，会让企业的美誉度和知名度以递增的趋势得到传播；相反，劣质的服务换来的是溃不成军。

（3）品牌即人，个人就是市场。品牌，代表的是一种集体的认同度。谁的服务做得好，谁就更容易建立顾客的品牌忠诚度，做品牌，说到底是做人的学问。每一个独立的个体都是某个群体的缩影，个人的背后，是一片巨大的市场。

（4）重视每一个个体，意味着重视所有顾客。一个人是对的，整个世界就是对的。每个人的小世界和集体的大世界是息息相关的，服务好每一个个体，实质上是对整个消费群体的尊重和负责。

谈到服务品质与企业形象，请关注以下四点提示。

第一点：形象是无形资产，勿做一锤子买卖。

胸怀谋略的人，深知企业形象的重要，他们会考虑建立信任度维护以与顾客长期合作，不会只做一锤子买卖，用企业形象作为赌注。

第二点：考虑长期利益，承受短期的损失。

在企业服务行为中，如果顾客对我们的服务有所不满，我们要做好承受短期损失的准备，将长期利益放在优先考虑的地位。

第三点：要分文必争，更要权衡轻重。

经营服务的最终目的是我们不回避要兼顾企业利益，但讲利的同时，并不是一直往钱孔里钻。生活的辩证法告诉我们，要懂得权衡轻重，将服务于顾客、维护公司形象放在首位，更符合分文必争的道理。

第四点：言出必行，形象的建立依赖于承诺的兑现。

很多小肚鸡肠的经营者天天喊着"顾客第一"的口号，当真的找他退货时，他就采取推、躲、逃的招式。很多商场在显眼处贴着"不满意就退货"的标语，但你想退一包2元的盐巴都可能办不到，因为在这条"可爱"的标语背后，会有很长的"实施细则"，细则里十有八九有这样一句话："盐巴不在退货之列。"

服务藏于细节，细节之处显精神，我们应把握以下三个关键点。

（1）见微知著、一叶知秋。一个浅浅的微笑、一句真诚的问候、一个小小的举动……正是这些服务的细节才更见精神、显境界、抓人心，此谓"见微知著、一叶知秋"，很多时候能收到事半功倍的效果。

（2）杜绝不良细节的出现。如果对服务细节不加注意，甚至认为无所谓，往往是地上的一片纸屑、一句不经意的话、一个不文明的举动等"小"毛病，就会招来客户的反感，导致客户被"吓"跑。

（3）细节服务需要实际的付出。细节，并非琐碎的小节，它不仅具有艺术的真实，而且更具有生活的真实。真正站在客户的角度，提供最实在的细节服务。

各个大品牌的树立及成长过程无一例外地都在客户服务方面做足了功课，而且是不断创新服务理念，从而增加客户对品牌的美誉度和忠诚度。

好产品必有一个好故事

想要做一款 5 万用户级别的产品，只需把产品本身的功能体验做好即可；要做一款 10 万用户级别的产品，需在做好产品的基础上，对其进行针对性宣传；若要做成一款百万用户级别甚至更大用户级别的产品，那么我们就必须给产品赋予动人心弦的故事，让它像空气一样自由传播。

我们必须赋予这个产品一个动人的故事。只有有故事的产品，才具有强烈的传播性与延续性。

卡地亚珠宝是在欧洲宫廷声誉鹊起的。威尔士亲王（1902 年成为爱德华七世）褒奖卡地亚为"国王的珠宝商和珠宝商的国王"，并于 1904 年授予卡地亚作为英国宫廷供应商的一等英庭供货许可证。Cartier 的设计以三兄弟环球旅行所发现的异国文明情调为特色（Louis、Pierre 与 Jacques 这三位卡地亚的创始人喜爱周游世界）。随着首饰王国的声名远播，卡地亚成为欧洲各国皇室的御用珠宝商，英国皇室曾向卡地亚订购 27 顶皇冠作加冕之用。此外，西班牙、葡萄牙、罗马尼亚、埃及、法国奥尔良王子家族、摩洛哥王子及阿尔巴尼亚的皇室亦委任卡地亚为皇家首饰商。

因此，卡地亚也被誉为"珠宝商的皇帝，帝皇的珠宝商"。我们不去质疑卡地亚是否真实地存在这些历史。但不得不承认，卡地亚 100 多年以来一直以"贵族首饰"的形象存在，只因它有一个很长的"珠宝商的皇帝，帝皇的珠宝商"的故事。

蒂芙尼珠宝——这个就更不用说了，相信很多业外人士都知道，它不但具有故事，而且这个故事还是曾经风靡全球的电影。你是否还记得，奥黛丽·赫本一身经典的黑色晚装，来到纽约第五大道的蒂芙尼店橱窗前，一边吃着早餐，一边以艳羡的目光望着蒂芙尼店中的一切。没错，这就是女神奥黛丽·赫本 1961 年主演的《珠光宝气》。

故事的类型有很多种，卡地亚珠宝是一个关于欧洲贵族的故事，蒂芙尼则是一个美丽的爱情故事。当然，所有伟大的产品都有一个伟大的故事。或者是产品创始人的故事（如马云的传奇经历）；或者是产品及创始人二者结合的故事（如乔布斯与苹果的故事）；又或者其他原因造就的产品背后的故事。

如何让一个产品故事化，我们不妨来分析一下：

（1）人对故事的记忆更为深刻。例如同一款产品的文章推荐，绘声绘色的产品案例的故事远远比单调的产品功能介绍更让人印象深刻。

（2）故事具有更好的延续性。产品与产品的故事就如同一个点与一条线，产品不管再怎么完善，最大可能就是将这个点扩展得稍微大一点；而一条线，尽管线的一头并不大，但它却能够无限延长，直至超越时间和空间的束缚。卡地亚延续了100多年前的故事，哪怕是产品不在了，故事却依旧影响着人们。

（3）故事的传播性更强。有一个设计师曾为一位即将大婚但对珠宝一窍不通的好友介绍结婚钻戒。当时就是介绍卡地亚和蒂芙尼这两个品牌的钻戒。因为设计师刚入行不久，对卡地亚的历史还没有那么了解，只知道这是一个比较大的品牌。因此，当时只给即将大婚的好友讲了蒂芙尼《珠光宝气》的电影故事，同时告诉他，卡地亚也是一个很好且历史足够悠久的品牌。好友最终选择了蒂芙尼，问他原因，他说将这个故事以及蒂芙尼的钻戒一起送给女友，比送一个价格更加昂贵的卡地亚钻戒更能让未婚妻感动，且他也渴望能与未婚妻有这么美好的爱情。

（4）故事具有神秘性。越是历史悠久的故事，我们就会感到越神秘，从而引发人们的原始好奇心，并将这个故事牢记在心，也间接地把和这个故事同步的产品牢记在心。而产品恰恰相反，时间越长，缺陷就会越多，最终面临淘汰的命运，甚至从人们的记忆中彻底消失。

选择正确而有效的营销模式

所谓营销模式，就是营销要素的结构性组合。营销模式之道，就是营销元素的重新分化与组合之道。好比武术中的"降龙十八掌"，只有多个招式组合在一起，才能称为套路，才能组合成模式。

营销模式是引爆和做大战略单品的营销方法集合。未来大单品做大的竞争，是营销模式的竞争。

在实际的企业营销中，中国企业往往不缺乏精彩的战略构想，却缺乏有效执行和做大战略的模式。而要有效地执行模式，又往往受制于员工队伍的执行力。

为了解决这个执行力，有些企业采用"英雄业务员"的模式，有些企业采用"培训＋学习"的员工执行力提升模式。其结果是什么呢？采用"英雄模式"的企业，英雄个人可以成功，也可以取得部分或者短暂的业绩提升，却解决不了企业继续提升业绩、全面扩张规模的问题；采用"培训＋学习"模式的企业，往往进步很慢，员工看了很多书，听了不少课，但企业业绩始终上不来。

个人英雄的能力无法复制，是企业继续做大的阻碍。而且个人英雄的数量是有限的，只有人人都成为英雄，企业才能快速做大。

那么如何保证战略单品在一个区域市场做到第一？

如果企业所有营销人员对这个问题都有一个标准的答案，说明这个企业已经摸索出了适合自己的营销模式。

营销模式，是企业营销的标准做法。只要企业里有一个人会了，所有人就都会了，它是保证企业快速成长的魔法师。

一个企业，只有建立起标准化的、程序化的、可以复制的营销方法集，当局部经验成为一致性的营销方法集时，即象征企业建立起了有效的营销模式。有了有效的营销模式，才能真正解决企业快速成长的问题。

营销模式，是一个企业总结出的营销要素最佳组合方式，是营销方法的标准复制，是做乘法而不是做加法。当这种营销要素组合方式被企业总结出来，并被企业员工都掌握了，就成为了模式。有了模式，就不会再出现"摸着石头过河"的情况，反而会出现快速复制成功的最佳局面。

营销模式就是成功的模板，它就像一台企业事先调好了的复印机，可以不断复制营销要素最佳组合方法。

打造精辟的大单品广告语

给大单品利益一个准确的概括，给大单品一句鲜明的口号，给品牌配一句震撼人心的口号，给自己一个鲜明的个性，这就是你在塑造大单品时，要重点考虑的问题。

同样的大单品创新，广告语好，一句话就能讲清；广告语不好，50句都未必能讲清。

一句精辟的广告语，胜过十万雄兵，可以直达消费者心灵最深处，激发他们购买的欲望。要记住，广告焦点只有一个，瞄准一个目标，才能打中，在几个目标之间游移不定，结果只会全部打空，都不到位。

为此，我们创作了一系列经典广告语：泰昌足浴盆——"为天下父母洗脚"；洪盛源茶油——"亲朋好友，经常走走"；泊客行者箱包——"为梦想行走"；奥佳华按摩椅——"劳心的人，别劳身"……

一则优秀的广告语要成功地吸引消费者，大致有以下几个规律可循。

1. 广告语的"真"

广告的生命在于真实，广告语的成败也在于真实。广告用语不真实，即使辞藻再华美，也不可能真正吸引消费者，更谈不上激发购买兴趣、购买冲动了。只有真实的广告语，才能真正赢得消费者的心，获得消费者的信赖，最终激发购买动机，促成购买。

日本的奥林巴斯照相机推出的广告语是："镜里天地大，体小功能全。"这句广告语不仅指出了照相机的真实功能，同时也融入了适当的比喻与夸大，赢得消费者的好感，这样，相机的销售自然就很容易成功了。

广告语的真实性，代表了企业经营者的信誉，如果无法做到真实性，企业的声誉将会毁于一旦。企业宣传广告，实际上是对消费者做出的口头承诺，而这种承诺又必须以广告内容和商品的实际情况完全相符为前提条件。所以，广告语的真实性原则是广告必须坚守的基本原则。

2. 广告语的"简"

广告的目的是给消费者留下深刻的印象，其必备原则就是简洁。广告语如果是叽里呱啦一长串，让人有云里雾里的感觉，自然使人难以记住。而只有那些简洁明了、生动有趣的广告，能一下子抓住观众、听众的听觉神经，如果再根据科学规律予以适当重复，那么消费者可能在不经意间就会记住这条广告语。当然，对于广告语中所蕴含的信息（如品牌、产品功能等）则更加顺理成章地接受了。

美的空调推出的广告语"美的空调，美的享受"，就是这样一个非常典型的案例。短短8个字，听起来富有趣味，而且，事实上有效字数为6个（两个"美的"算一个），让人很容易在短期内就牢牢记住，如果再适时予以重复，就更能加深广告语在人们心中的印象。记住广告语的消费者紧接着就会对其含义感兴趣，"美的空调的产品质量将为消费者带来美的享受"这样一种心理暗示就传递给了消费者，并且会很快获得消费者的认同，进一步进化为消费者自身的观念。

3. 广告语的"奇"

所谓广告语中的"奇",就是指用语尽可能地奇特或新奇,在语言运用上具有独创性的新意。在竞争越来越激烈的市场经济环境下,广告早已铺天盖地,人们随时随地都在接受广告的围攻。而此时,想要吸引消费者的注意力,广告语的新奇性就显得尤为重要。

四川省宜宾市有一家东风旅馆,其广告语是"喜有此理,先入住后结账"。让人一看就眼前一亮。这里,巧妙地改用了中国成语"岂有此理",使人感到十分新鲜,自然就对这家旅馆投入了几分关注。

4. 广告语的"美"

所谓广告用语的"美",就是指广告用语最好能够优美动听,可以带给消费者美的享受。一条优秀的广告,应该包含比较优美的语言意韵,同时还需要有效地传达商品的内涵,在引起消费者美的享受的同时,进一步激发消费者购买此产品的意愿。

杜甫曾为四川大邑白瓷写过一首诗:"大邑白瓷轻且坚,扣如哀玉锦城传。酒家白碗胜雪霜,急送茅斋也可怜。"如今,某企业又将这句话作为广告语推出来,如此美妙的诗句,当然令其产品意蕴提高了很多。同样,王麻子剪刀则利用清朝诗人李静山的诗句作为广告:"刀店传名本姓王,两边更有万同汪,诸公拭目分明认,头上三横看莫慌。"这句话简洁、通俗,很符合王麻子剪刀的大众口味,因此做得相当成功,更进一步提高了王麻子剪刀的知名度。

前文讲的是广告语的四个最基本的原则。而其中的"真"是广告语的基础,"简"是广告语的重要准则,"美"是广告语的灵魂,"奇"则是广告语的核心。总而言之，四个原则缺一不可，缺少"真"，则不道德，甚至违法；缺少"简"，则无法达到广告宣传的效果；缺少"奇"，那么广告根本无法吸引人；而如果缺少"美"，则显得品位过于低下了。

处于发展阶段的企业，为了树立品牌与促销就需要广告的支持。但因为刚开始企业自身的固有资源十分有限，因而不可能像宝洁、可口可乐那样进行大规模的宣传。那么该怎样利用现有资源使有限的广告费变得切实有效呢？下面就是根据该问题提供一些解决方案。

第一，充分了解企业所处阶段及自身能力，明确广告投放目的。处于初级阶段的企业因为资源有限，因此一旦投放广告就要让每一分钱都花在刀刃上。这就要求我们的经营者先了解企业自身所处的环境，投放目的清晰明确，例如，究竟是为了打响品牌知名度或迎合新产品上市，还是为了打压竞争对手等。在缺乏资源的情况下就更不能乱花钱，因此打广告不能没有明确的目标。在现实情况中，很多企业广告投放缺乏目的，想起来就投，没有半点计划性。那么，肯定不会起到广告应有的效果，还会浪费宝贵的资源。

第二，做到知己知彼，方可百战不殆。所谓知己，就是指明确自身产品的定位、销售网络以及产品特色，对产品的利益点进行深度的挖掘。因为所有环节都有可能变成我们的机会，进而成为我们的主攻点。

所谓知彼，就是指了解竞争对手的产品定位、产品特点、企业死穴和广告策略、广告排期、投放分量以及对媒体的选用，从而衡量对媒体的投放比例并做出策略性的投放计划。

第三，寻找合适的广告制作公司及媒体代理公司。

（1）不找最好的，但要找最适合的。几乎人人都知道奥美、灵狮以及李奥贝纳这些大企业的实力与名气，但是这些广告公司的制作与创作费用也是一笔不小的开支。所以，这就需要我们的经营者寻找和自身资源相匹配的广告公司，才有可能达成有效利用资源的目的。

（2）了解广告公司的特长。大凡广告公司都有自己擅长的地方，例如有的广告公司精于 VI 的制作，有的精于广告创意，而有的则专攻媒体。在选择广告公司前需要了解它们的特点和专长，如此一来，才能将创意做得更出色，投放更加具有计划性。

（3）广告公司的地点。选择的广告公司的办公地点要尽可能靠近自己的公司，这样才能方便双方及时沟通。

（4）不要选择竞争对手也选择的广告公司。一旦选择了竞争对手的广告公司，那么一些关于创意、投放的机密就很可能被对手提前知晓，使自身陷入困境。

（5）选择能为企业发展提供战略支持的广告公司。一家好的广告公司能为企业的广告投放及发展提出战略性规划，使企业长期受益。例如，英扬广告公司长期为纳爱斯公司服务，多年来的广告路线及创意保持了一致性及阶段性，取得了良好的效果。

第四，制定合理的广告预算。一般情况下，广告费用包括广告制作费用和广告投放费用。考虑到资金问题，在投放广告时一定要有一个合理的广告预算。当然，这就是一个度的把握，放不开手脚不舍得掏钱会使广告的到达率低，起不到广告的效果；舍本逐末大把地扔钱则可能使企业弹尽粮绝走上不归路。所以，经营者一定要根据自身的财力，尽量使广告预算接近一个完美的平衡点，方可使广告效果最大化。

第五，了解各类媒体的特性，选择合理的媒体搭配。目前，主流媒体为电视、广播、杂志、报纸、户外。而新兴媒体主要有短信、黄页、网络、社区广告、DM 直邮等。各种媒体有着各自独特的吸引力、传达性、及时性，这些不同点便构成了各类媒体的特点。如电视广告效果好、覆盖面广、对树立品牌有良好的效果，但是价格昂贵；报纸、杂志能读不能听，便于保留、理解，但却做不到生动活泼。

通过筛选媒体可以了解到该媒体受众的年龄分布、收入状况等客观数据，还可以得到目标受众生活形态的主观资料。对这些资料及数据进行细致的分析，就可以得出合理的媒体组合方案。

第六，捂紧腰包，防止不透明因素干扰。这一点对于中小型企业而言显得尤为重要。否则，原本紧张的广告资金会被那些怀有不轨之心的人恶意侵吞。通常来说，成熟的平面媒体其价格是比较透明的，而一些非成熟的媒体则非常难把握，不过只要沿用长期服务的公司并专门设立一个媒体询价小组就可以达到摸底的目的。对于电视媒体如央视以及卫视媒体来说，透明度较高，而地方台的价格则一般有不可告人的"猫腻"，这时经营者便要小心仔细地摸底了，不然得到的报价往往掺有很大的水分。

同时，对公司内部的策划部及市场部人员提出的建议要有所分辨。一般来说，当内部人员有异常举动的时候，他往往会极力地向你推荐某一媒体（公司），这时候经营者要格外注意，要加强内部监控机制，严防内外勾结使企业蒙受损失的事件发生。

第七，广告效果的评估。广告效果评估是了解广告是否有效达到预期目的，是否被目标受众所理解，是否促进销售或达到宣扬品牌知名度的一种市场调查手段。一般来说，评估的主要内容有：投放广告后较之投放广告前的效果如何，投放新广告后较之投放旧广告的效果如何。

这里介绍几个广告评估的方法以供大家参考。

（1）在投放广告后，经营者可以对微型市场进行研究，调查该市场的销量或消费者对品牌的反响如何。

（2）可以采用问卷调查、电话访问、入户调查等方式了解目标人群对广告的认知情况。

（3）采用暗访的方式对销售终端及卖场的广告进行调查，看POP的张贴、公关活动是否得到贯彻执行，促销活动是否做得到位。

塑造容易识别的品牌符号

在广告被无限稀释的市场中，一个品牌的力量是有限的，企业没有办法让品牌广告无限重复以增加其效果。

如何才能让有限的品牌资源产生无限的效果呢？如何才能做到"花小钱，办大事"呢？

对于一个大单品而言，符号，更彰显力量。

通过视觉、声音、语言、颜色等各种各样的符号，与消费者在符号层面上沟通，成就强大的大单品。

我们为狂神体育用品塑造的品牌符号是"乘风破浪"；我们为泊客行者塑造的品牌符号是"自在旅行"……

在一个简化认知的时代，我们可以建立一个品牌视觉符号，来为大单品建立深刻的品牌烙印。

品牌符号化最大的贡献，在于帮助消费者简化他们对品牌的判断，将品牌想表达的无数信息用一个符号来全部表达。消费者只要看到这个符号，就想到该品牌，并联想到品牌背后的内涵，这对于企业而言，是最节省沟通成本的做法。

米其林发现，堆积起来的轮胎很像人的形状。于是，他们创造出了一个活泼圆胖的人物形象，并请画家把这些想法画成草图，并重新修改成为巨人的形象。今天，米其林男子成为世界上历史最悠久和最为人熟悉的商标之一，代表米其林出现在 150 个国家。

泰昌的品牌核心价值主张是"为天下父母洗脚"，如何在视觉上表现呢？我们为泰昌足浴盆塑造的品牌符号是"孝亲洗脚图"。

在所有中国人的内心深处，洗脚既是一种卫生习惯，又是一种情感的载体，是孝的象征。

洗脚的内涵如此丰富，古有"孝亲图"，今有"孝亲洗脚图"，不是一脉相承吗？

泰昌品牌符号就这样确定了下来，在古色古香的主画面中，严顺开老先生代表的"父亲"端坐在椅子上，"儿子"正在用泰昌足浴盆为他洗脚。从此，"孝亲洗脚图"就成为了泰昌的品牌符号。

狂神体育用品的广告口号是"狂热玩家"。如何在视觉上表现"狂热玩家"呢？我们需要为狂神品牌创建一个简洁而有传播力的品牌符号。

"狂热玩家"代表着什么呢？代表着激情、热情，玩出惊人的、不一般的结果，痛快淋漓的感觉。什么样的视觉符号能够表达这种感觉呢？"巨浪符号！"有人叫道。

我们围绕着"狂热的巨浪符号"创作出了一系列主画面。在这些画面中，90 后代言人——释小龙，溜着冰、踢着足球、拍着篮球、踩着滑板，神勇向前，玩出了春天的草浪、夏天的水浪、秋天的叶浪、冬天的雪浪等惊人的视觉效果。

有了"巨浪符号"，我们又为狂神体育用品创作、拍摄了影视广告——"草浪篇"，堪称大制作。

我们为莱姿竹盐极品美白塑造的视觉符号是"竹茧化蝶"。

其实，除了品牌符号可以作为视觉符号之外，独特的产品造型本身也可以起到视觉符号的作用。

一般的饼干造型要么是圆形，要么是方形，奇客饼干做成三角形；一般的饮料是液体，农夫果园做了个"黏稠型"，"喝前要摇一摇"；一般的男装是平领，柒牌男装做成"中华立领"；一般的三轮车以红色蓝色为主，豪晨三轮车做出了军绿色。

呈现清晰的大单品主画面

广告方面，除了TVC（特指以电视摄像机为工具拍摄的电视广告影片）之外，最重要的，就是大单品的平面主画面了。一张概念清晰的大单品主画面，可以把一个大单品的精髓、卖点、诉求、承诺和气质，深深地刻在消费者脑海中。

狂神体育用品的"狂热玩家"主画面；真功夫快餐连锁的"营养还是蒸的好"的主画面；诺诗兰胶囊蝉翼皮肤内衣的"5倍透气，舒适户外"的主画面……都堪称经典。

如何判断大单品主画面是否概念清晰呢？首先，要让消费者记住品牌名和大单品名。其次，记住大单品所定位的品类概念与核心价值利益。最后，对大单品产生画面感，对品牌的气质一见倾心。

大单品主画面冲击力不够，无疑就像没有乐器的歌手、没有啦啦队喝彩的球赛一样，不能有效调动观众的情绪和参与度。

考验一条TVC是否有冲击力，标准有三个：

第一，消费者是否能够记住品牌名和大单品名。经验是：必须尽量在30秒电视广告中提及3次以上品牌名字，15秒广告中提及2次以上品牌名字，如果再加字幕就更有保障。另外，声音要大，宁可把人吓着，也不能让人听不到。

第二，消费者是否能够记住大单品核心价值诉求或者广告语。很多企业想把产品的所有功能在15秒内全部告诉消费者，这可能吗？不要幻想多放一个想法，或者想要消费者记住产品的多个特征，这样只会令产品在消费者的印象中模糊不清。

单一、尖锐、单纯，才更有力量。说得越多，观众记得的就会越少。一次说透一件事情、一个道理，已相当不简单。

信息单一、单纯，是保证消费者记住大单品核心价值诉求的关键。

第三，TVC能否给消费者留下记忆点。一条电视广告是否成功，其中一个标准就是消费者能否记住TVC中的一个点。

这个点有可能是一个故事情节，有可能是一句话，是一次幽默，也有可能是一个视觉印象，一个符号，还有可能是一个卖点。

我们为泰昌足浴盆创作拍摄的影视广告片，取得了强烈的市场反响，广告片的画面非常单纯：

小时候，父亲（年轻时的严顺开）为儿子洗脚，儿子天真地看着他；后来，父亲老了，一拐一拐地提着旧暖水壶，然后倒水洗脚，显得很落寞；这时，成年的儿子拎着泰昌足浴盆回家了，儿子开始用泰昌足浴盆为父亲洗脚，挽起父亲的裤脚，洗完后又用毛巾为父亲擦脚，父亲露出了感动而欣慰的笑容……

旁白是这样的："小时候，父母为你洗过无数次脚，你，是否为父母洗过一次？金泰昌足浴盆，为你关爱父母的脚。不管你身在何处，金泰昌，让你的爱，常伴父母身边。金泰昌养生足浴盆，为天下父母洗脚。"

这套广告片和广告语，在央视一套黄金时段和央视购物频道播出后，获得了巨大成功。很多消费者都反映，看了这个片子，第二天就去商场买了一个泰昌足浴盆送给父母。

有一些足浴盆的同行企业看后说道，"为天下父母洗脚"这句广告语，可以和王老吉的广告语"怕上火，喝王老吉"相媲美。

而泰昌足浴盆的王总对广告语和片子的评价是："广告语让我很震撼！广告片抓住了天下儿女的两点，一是很多儿女想为父母洗一次脚，却从来没洗过，广告片勾起了他们的冲动；二是现在不在父母身边的儿女比在父母身边的儿女要多，广告片让这些儿女感同身受！"

我们为狂神体育用品创作并拍摄的影视广告——"草浪篇"，也是气势磅礴，极具视觉冲击力：

阳光灿烂的季节，茂盛广阔的绿色草原，释小龙穿着冰鞋向前冲。他不断奔跑，速度越来越快。

释小龙继续向前冲，纵身一跃，顺势舞出大鹏展翅的招式，在大鹏展翅的武术动作中，篮球出现在释小龙手上，释小龙带着篮球往前冲，绿油油的茂密草丛被他的速度扰动，像巨大的海浪一样向两边卷起，让出一条道。

释小龙仿佛飞了起来，借力腾空而起，不由自主地做出武术动作，向前冲去，腾空动作中，释小龙演绎出击打羽毛球的招式。羽毛球呼啸着向前冲，速度越来越快，犹如一股旋风，卷起了两边的草。草丛被它旋动，如同海浪一样卷起，向两旁分开，让出一条路来。

释小龙做出一个指尖转篮球的动作，无数的狂神体育用品随即占据整个画面。

整条广告的旁白也简洁有力，充满青春热烈的气息：

"狂神体育用品，狂热旋风技术，玩，就要狂热到底！就要 high 到底！玩得绝妙，才是狂神！狂热玩家——狂神体育用品！"

这条"草浪篇 TVC"，动作惊险、内容单纯、画面冲击力强，可谓为功夫明星释小龙量身定做。该片更将"巨浪符号"发挥到了极致，使之成为全片的记忆焦点。

【大单品例证】

加多宝与《中国好声音》的四季姻缘

加多宝、王老吉备受关注的商标之争，让中国第一凉茶品牌一度陷入危机。如今，加多宝已成功占领凉茶市场，勇夺凉茶霸主的宝座，相信其中少不了《中国好声音》的鼎力相助。当竞争对手还在守着传统的营销模式，以生硬的广告对消费者进行"轰炸"时，加多宝已开始在娱乐创意营销的道路上奔跑。在营销这条路上，加多宝可能真的不如王老吉那么"正宗"。

在第一季《中国好声音》的投标中，加多宝豪掷 6000 万元，当时舆论一片哗然；而在第二季加多宝投出 2 亿元时，人们却反而静默了，没有了质疑。因为所有人都明白了加多宝才是娱乐营销的大师级选手，没有人为 2 亿元感觉不值。尽管 2015 年浙江卫视《中国好声音》第四季的冠名费没有宣布，但是加多宝与《中国好声音》的"姻缘"再次延续。至此，加多宝和《中国好声音》的缘分已经如"天注定"。如图 7-1 所示。

1. 第一季结缘

举办第一季《中国好声音》的时候，加多宝预言它将是全国人气最高的

战略大单品

图7-1　战略大单品——加多宝

电视娱乐节目。事实证明，加多宝对了。当时的加多宝长期陷于与王老吉的"商标战"，一度丧失了品牌的影响力。于是，在这场娱乐风暴中，加多宝要向观众传递一个概念——"全国销量领先的红罐凉茶改名为加多宝"。零点调研公司的数据显示，消费者对加多宝凉茶的知晓率高达99.6%，这一数据可以证明加多宝品牌的成功。第一季《中国好声音》中，加多宝虽然获得成功，却准备得不够充分，但这并不影响结局，接下来才是真正的"热恋"。

2. 第二季"热恋"

在第二季《中国好声音》中，不难发现虽然节目内容不变，但是加多宝却深入地开展了娱乐营销，将企业对正宗品质的严谨态度传递给消费者，让消费者感知到这个品牌的内涵与厚重。广告词变为"正宗好凉茶，正宗好声音"，二者都是以"正宗"为核心诉求点，强调品牌的正宗性，为品牌提供了价值导向。"正宗好凉茶，正宗好声音……"当数万观众自发模仿华少说的这 350 个字的广告词时，背后的质疑者们也不得不承认，加多宝已经是凉茶行业第一。

在第二季《中国好声音》中，加多宝准备充分，通过多平台合作，强化线上线下的互动营销，在提升品牌影响力的同时带动终端销售。线上，在好声音开播前，加多宝就通过在网站、微博等平台开展"唱·饮加多宝，直通中国好声音"专题活动，从全球学员遴选到天价门票，从上届学员专辑发行到导师段子，不断制造关注话题，在节目正式播出前就引起了一股对加多宝的关注热潮。

《中国好声音》开播后，加多宝不但在官方微博举办《中国好声音》话题的高互动活动，每周该话题发布总量占总发布量的一半，而且还开展"红罐随手拍，玩转好声音"的微博互动活动，活动上线第一天就有上万网友参与。在微信平台，加多宝推出"微信好声音"，将《中国好声音》"你唱我评"的互动模式搬到微信上，让观众变成"参与者"，"微信好声音"推出首日，3 小时内就吸引近 500 人次参与。

而与此活动同时进行的是，加多宝发挥渠道优势推出红罐促销装产品，对销售和节目做预期绑定，消费者不仅可以凭借促销装拉环上的"加油码"为自己喜爱的好声音选手投票，还可以赢得 2013 年加多宝《中国好声音》总决赛门票及观赛奖金等大奖。据悉，此番促销装产品上市设置了近 2000 万个奖项。

3. 第三季融合

在第三季《中国好声音》中，加多宝推出了好声音 V 罐凉茶，在这种营销思维的指导下，加多宝与"好声音"的合作不断升级，共生共赢。加多宝利用自身的渠道优势为《中国好声音》造势，好声音 V 罐凉茶成为自己的活广告；品牌与节目绑定，在消费者心目中将两者等同起来；培养《中国好声音》，扩大其覆盖人群广度和影响力，打造其标志性的符号——V 形标志；利用品牌与节目之间的"共生关系"，将节目的标志性符号——V 形标志移植到品牌外包装上，同时给品牌注入新的内涵。

尽管第三季《中国好声音》完美落幕了，但娱乐盛宴不曾停止，一股以 V 为名的全新消费力量正在左右市场。好声音 V 罐凉茶在第三季横空出世，意味着加多宝与《中国好声音》联姻合作已由冠名的资源交换进入深度融合的阶段，以 V 为抓手的 V 文化塑造取得成功，实现了品牌积累和销量的提升，"看好声音，喝加多宝"由前两季培育出的消费习惯升级为流行的生活模式，加多宝从品牌娱乐营销到商业变现华丽转身。

4. 合二为一

正宗好声音，正宗好凉茶，通过三年的热播，加多宝与《中国好声音》这对正宗好拍档已融为一体。此番四度回归，这对好拍档以启动仪式为契机胜利会师，在 2015 年夏天，实现节目、产品与互动的同步升级，携手打造令人耳目一新的加多宝《中国好声音》2.0 版，共同开启加多宝《中国好声音》的黄金时代。

一种成功的模式能成就一个品牌的行业格局。玩娱乐营销的不少，但让人记住的很少，借助娱乐营销实现品牌重生的只有加多宝。这是因为一种正确的模式能够保证品牌在泛滥的资源中精确制导，找到适合自己的借势平台，科学利用，因势利导，让自己站到时代的风口，扶摇而上。

丰田：以服务征服消费者的心

日本丰田汽车能够在美国市场畅销不衰，服务周到、处处为顾客着想是其成功的秘诀之一。通常当某一车型中的零件被发现有设计缺陷时，美国汽车公司的做法是：发函或电话通知顾客将车开到维修点，替换零件后再通知顾客来取车。与其不同的是，丰田公司每逢遇到这种情况，总是派职员开车去顾客家中，说明情况，并将开来的车留下供顾客使用，把需要维修的车开回维修站，换好零件后，将顾客的车刷洗干净，注满汽油，再送车上门，换回原来开去的车。正是凭借着这种体贴入微的服务，丰田汽车征服了消费者的心。

在汽车工业的初创时期，当时的环境和人们的想法都是生产第一，这种"共存共荣"的观念是很不容易被接受的。而尊重销售店的想法，也就是对买主即用户的尊重，从经商之道来说才是正确的认识。

丰田创始人神谷关于"用户第一、销售第二、制造第三"的提法，表明了他对这三者相互关系的基本想法。他常说："只有经销店的生意兴隆起来，厂家才会繁荣。"当时，在"生产第一"这个统制经济思想的支配下，神谷这种主张尊重销售店的理念是完全出人意料的，但它又很自然地被当时的经销商以一种惊讶的感激心情接受了。正是因为被神谷的这种思想所感动，当时通用汽车公司出产的中级车"别克"经销店、"日之出摩托"商店（现为爱知丰田汽车）成为丰田第一号特约经销店。

以第一号经销店的诞生为开端，东京丰田、大阪丰田、都冈丰田、广岛丰田等经销店相继建立，1938 年底完成了一县一店的销售网。这一销售网在"二战"后重建时，由于日产系统的经销店仰慕神谷而加入了丰田汽车，所以，丰田汽车的经销店比以前更多。

据说，三菱系统的一位推销员曾发出这样的感叹："丰田汽车的推销员不但人数多，而且他们都坚信丰田汽车是最好的。他们给买主提供的服务工作做得很好，固定购买户又多。对于我们这些公司的推销员来说，这些都是需要努力赶上的。"

丰田汽车的售后服务确实是非常周到的。在初期，卖出的新车发生任何故障都是免费修理的，必要的时候，还对需要检修的车提供代用车，以尽量减少客户的损失。这种修理费用，有的要全部由部门负担。丰田汽车很早之前就已经开始延长了保修期限，规定新车售出后的保修期为"2年或5万公里"。售出一辆汽车，丰田汽车在其耐用期内一般要消耗两辆汽车所需要的零部件。汽车销售公司负责筹备、管理、供应这些零部件。设在春日市的零部件中心就是一个大的零部件集散工厂，那里有可以同时发出和开进35辆卡车的大平台，占地面积为11万平方米，各种传达室送机总长度达1公里。进货、出库、发运、捆包等全部实现了自动化，采用了大力节省人力的装置系统。汽车销售后公司及各销售部的经常在库零部件就达400亿日元，从而可以及时、高效地进行售后服务工作，就是每年开发的新车型也是如此。

良好的服务能够扬名，提高品牌知名度，为企业争取到更多的顾客，而低劣的服务则会失去顾客。美国福鲁姆咨询公司进行的一次调查表明，由一家公司转向另一家公司的顾客，每10人中就有7人是因为前者的服务差，而不是因为价格质量的缘故。

第八章　谨防大单品时代的误区

西谚有云："要想走得快，一个人走；要想走得远，一起走！"很多时候，企业要想获得快速突破，就得培养大单品；要想持续发展，就得打造"大单品群"。正因为如此，大单品也成为了一种流行风潮，在高增长、快突破的要求下，难免陷入不少误区和误解。企业要想成功突破，就得懂得如何避开大单品制胜的误区。

误区一：是战略大单品，而非战术大单品

许多企业领导者认为：战略大单品路线是务实可行的。因为中国的绝大多数企业还处在发展或上升的阶段，企业实力和规模都很有限，在这种情况下，如果贸然采取进攻的战术，开辟多种产品线，开发多种产品组合，往往面临很大的风险。

一方面，由于企业财力、人力、物力都有限，开发多种产品组合，势必单个产品方面投入更加有限。那么，这种竞争力非一般的产品一旦推向市场，它能够赢得消费者的认可吗？很显然是不能的。另一方面，产品同质化越来

越严重，市场竞争越来越激烈，只有真正有创意、有实力的产品和服务，才能够在这种市场环境中有赢的机会。反之，那些平庸的产品和服务往往得不到露脸的机会。

相反的，如果企业能够专注一个产品，那么，它才有赢的可能。在目前的市场环境中，广撒网往往捕不到鱼；相反的，如果盯着一个行业或专注一个产品和服务，并把它做到最完美，往往会有财富滚滚而来。这就是大单品战略。

所谓战略大单品，就是实力和规模都有限的企业，不要贸然扩大自己的产品线，贸然扩大自己的摊子，这种广种博收的美好愿望，换取的往往是颗粒无收的惨淡结局。还不如瞄准当前市场上最具发展潜力的产品或服务，并且严丝合缝地结合自己的专长，和自己的优势充分结合起来，这种发展战略往往比较奏效。

在中国，很多坚持大单品战略的企业都有很好的现在和更加光明的未来；相反的，很多盲目扩张、急于冒进、贪大求全的企业，往往还在泥泞不堪的沼泽地里挣扎。

战略大单品是相对于常规的战术性产品而言的。既然称之为"战略大单品"，那么它的战略性体现在哪里呢？

战略大单品的诞生和提出，不是为了企业的战术性目的，而是为了企业的战略性经营目的。不是为了企业的战术性目的而推出，体现在它既不是为了简单的市场细分，也不是为了丰富企业的产品线，更不是为了阻击对手，而是为了迎合改变的消费需求的战略目的而诞生的，是为了创造一个新市场、创造一个新品类而诞生的。

它的战略使命，是成为新市场的王者，成为新品类的代表性品牌，成为自己品牌做大做强的核武器，成为满足消费需求结果性改变的主力产品。因此，这个"战略单品"就不能用我们常规所讲的明星产品、核心产品、跑量产品、形象产品、阻击产品这些概念来概括了。它的内涵和使命要远远高于这些产品概念。

误区二：不要空心化的品牌，而要强势的品牌

许多企业立志做"百年品牌"，却缺乏正确的品牌观，以致往往误将传播与品牌画等号，最终导致企业品牌"金玉其外，败絮其中"。许多中国企业都将品牌放在战略高度，但是，大多数企业做品牌都是追求表面功夫，这导致很多品牌"金玉其外，败絮其中"，即品牌空心化。

面对品牌空心化危机，我们需要回归品牌的真正价值并以新的战略思维创造品牌。

1. 清晰定位

奔驰代表"地位和声望"，阿玛尼代表"简洁"，LV代表"经典"，Dior代表"夸张与浪漫"，这些高端品牌都有着自己的核心价值。

品牌专家认为："品牌是存在于消费者心目中的稳定、一致、积极的联想。"国际企业在打造品牌时，先想到的是让自己的品牌抢占消费者的哪一部分心智。它们非常清楚，所谓的品牌之争，就是通过恰当的方式定义自己的品牌核心价值，争夺对自己最为有利的消费者心智。因此，战略单品在目标人群心目中留下的深刻印象以及在目标人群心智中的定位，决定了品牌的市场地位。

对于已经推出战略单品的品牌，为品类增添并坚持品牌层面的核心价值，是打造强势品牌的第一步。因为，好多品牌在初创阶段，由于无法形成体现品类价值的品牌，即使投入很多广告资源，消费者还是无法对其品牌产生根深蒂固的认知。无论是区域品牌还是全国性品牌，在初始阶段最好是采用品质诉求法则，即依靠战略单品的品类价值打造品牌价值，让战略单品的产品诉求代表品牌诉求。当产品品质诉求塑造成功，市场份额与地位绝对领先了，并且这一个品类可挖掘空间已经封顶了，品类概念以及品牌的核心价值在消费者心智中也就根深蒂固了。

以苹果公司为例，在"人性化科技"的品牌核心价值的定位下，在人员和行为方面，无论是苹果公司的管理者还是一般员工，他们都以人性化科技的创新者自居，我们可以在苹果公司的专卖店看到其员工为消费者讲解新技术和新产品；在产品和服务方面，我们更是看到苹果公司对"人性化科技"的不断尝试，其产品功能、使用设计和外观设计，无不在人性化方面走在行业的前面；在渠道方面，我们可以看到，苹果公司不是在简单地销售产品，而是带给消费者人性化需求的科技体验。

2. 长久坚持

品牌核心价值不能"迷失"，即便是那些伟大的品牌，如果一不小心"迷失"原有的品牌核心价值，也会对品牌造成伤害。星巴克这样一个伟大的品牌在快速无序的扩张过程中，曾经一度"迷失"了原有的品牌核心价值，销售额下滑、利润额下滑、股票价值下滑、品牌影响力下滑等，"迷失"的代价接踵而至，让星巴克不得不对品牌进行重振，以挽救星巴克正在遭遇的品牌危机。

与之相反，德芙巧克力的"牛奶香浓，丝般感受"，沃尔沃的"安全"，伏特加的"绝对时尚，绝对不同寻常"，这些品牌的核心价值，都坚持了几十年甚至上百年。

百年品牌的管理工作，就是创造性地提出和清晰地界定品牌的核心价值，并在以后的品牌打造与维护过程中，始终不渝地坚守品牌核心价值，使之长期保持不变。

品牌的整个创建过程，就是对品牌的核心价值持续坚守的过程。当然，品牌核心价值不能改变，是指品牌在产品功能利益方面的特质、产品的品相风格、品牌核心指向的情感性利益与表现性利益不能随意改变。但是，品牌塑造又要具备与时俱进的观念，应该根据社会审美潮流和消费结构趋势，对品牌的局部进行持续、适度的迭代创新。

例如，可口可乐的产品包装就一直在创新，但是，可口可乐的配方和口感却一直保持不变。百事可乐的标志就一直在调整和创新，但都是逐渐微调，百事可乐"年轻一代的选择"的核心价值，一直没有变化。

3. 打造品牌附加价值

曾经有欧洲的品牌学者花了 6 年对两万多个全球品牌进行了筛选，找出其中 5% 左右的顶级品牌，一共筛选出 1045 个品牌。然后，他们深入地研究和分析这些品牌成功的原因。最后，他们发现，这些顶级品牌成功的核心原因，就是打造产品之外的品牌附加价值。

一款战略单品，想要卖出比竞争对手更高的价格，还要吸引更多的消费者去购买，其价值不仅体现在产品本身，更重要的是它所赋予的价值内涵与品牌精神，这便是品牌的附加价值。品牌之所以具备其独特性，除了它的产品品质与创新之外，还代表着品牌背后的精神力量。

如今消费者从选择产品过渡到选择品牌，消费观念早已发生了翻天覆地的变化。消费也不仅仅是简单地满足生活所需，更多的人在消费时已经摒弃了纯物质或功能性的需求，人们购买产品，主要是看重品牌可以满足诸如情感、希望以及成功等更高层次的心理需求。人们希望通过消费能够体现出自己与众不同的品位，彰显自己的个性。

在这样消费大趋势的影响下，想要构建一个强势品牌，不仅需要进行功能性利益的创新，更要体现精神情感的创新以及自我表现的创新，这也就是说，要更加注重品牌附加价值的营造，使消费者在消费该产品时，可以表现自己的一种生活态度与价值取向。所以，打造品牌附加价值的核心，就是站在消费者的角度，发掘人性的力量，并发掘产品之外的深层含义，寻找打动消费者的主要基因。

4. 塑造人性化的品牌

一个好的品牌应当具备强大的感染力，具有吸引消费者的动人魅力，可以培养消费者与此相伴一生的忠诚，这就代表着人性化品牌的内涵。而使消费者对品牌产生情感乃至引以为豪就是品牌人性化所能达到的极致，这个时候，品牌已经成了消费者的朋友乃至情感的依托，塑造人性化的品牌是确保品牌具有强大的忠诚度与生命力的有效策略。

要将消费者定位为有感情、有知识、有尊严以及有情绪的鲜明个体。由于许多因素的作用，人和人之间存在着鲜明的差异性。只有从根本上承认这诸多差异，才会主动认识他们，了解他们各种各样的需求，主动与他们沟通，这便是"以人为本"。在这一基础上，才能成功塑造人性化的品牌，例如，海尔"真诚到永远"的口号，诺基亚"科技以人为本"的口号，全球通"沟通从心开始"的口号等。正因为他们具备这样的经营哲学，塑造的是非常人性化的品牌，才让他们在强大的竞争中脱颖而出，连续占领消费者的心智空间。又如甲壳虫汽车推崇追求时尚，拥有自主选择的个性，对于那些追求时尚与洒脱个性的成功女性而言，甲壳虫很容易成为她们的追求目标。

误区三：率先品类创新者，必赚得盆满钵满

与企业品类创新的热潮相对应的是，由于对品类战略缺乏正确的理解和认识，一些企业正陷入实施品类战略的四大误区。

1. 破坏品类战略而丧失既有市场地位

企业通常是由于创新并聚焦一个品类而获得成功，但往往成功之后，扩张的欲望又开始指引企业破坏品类战略，最终稀释品牌，丧失既有市场。此类企业包括：

九牧王：通过聚焦西裤，成为西裤专家而获得成功，之后推出九牧王男装，回归平庸。

贵州醇：通过创建低度白酒"醇"的概念一举成为低度白酒的代表，之后推出高度和陈酿产品，回归平庸。

茶里王：统一推出的"茶里王"绿茶品牌，极有机会迎头痛击延伸品牌康师傅，之后推出日式无糖绿茶和英式红茶，反而帮了对手康师傅绿茶的大忙，自己也归于平庸。

金利来：因聚焦领带品类而成为领带的代名词，后延伸至衬衫、T恤等男装领域而归于平庸。

脉动：开创维生素水品类，一度成为乐百氏近年来最成功的饮品，没有

趋势推广品类，而推出脉动茶，丧失先机。

董酒：以百草香型而独具一格，后追随潮流推出浓香、酱香产品，惨遭失败。

杉杉、雅戈尔、虎豹等无不是起家于衬衫，平庸于多元。

2. 违背品类战略原则招致失败

（1）品类定义失误。我们强调，品牌由两个名字组成，一个是品牌名，另一个是品类名，品牌名要求独特，品类名则要求符合常识。但很多企业却在品类名上追求创意和独特性。

念慈庵润饮料：润饮料是什么？也许没有人清楚。消费者会购买自己不清楚的东西吗？很难，所以这个饮料前景堪忧。

苗条淑女：这个产品犯了两个错，一个是定义了错误的品类名"心动饮料"。有人知道是什么吗？另一个背上了一个药厂的名字，多此一举。

茶研工坊：可口可乐的广告说，是茶，又非茶，是草本饮料，没人说得清楚到底是什么。

农夫C打：品类叫做不含酒精的酒。那还叫酒吗？

瑞鹰运动轿车：品类叫作运动轿车，听起来像运动西服，一个泥泞的中间地带。

尖叫：品类叫做情绪饮料。有人能说清楚什么是情绪饮料吗？依我们看是酒精。

达利园优先乳：什么叫做优先乳？广告里问得真好，但是也没有回答清楚。是女性和小孩的饮料吗？

（2）使用老品牌进入新领域。以下是市场中使用品牌延伸策略推出的无数新产品中的很小一部分，几乎没有一个称得上成功：达利园绿茶、熊猫手机、奥克斯手机、联想手机、TCL 电脑、TCL 手机、海尔电脑、茅台液、雕牌牙膏、立白牙膏、威露仕沐浴露。

再次强调关于品牌延伸的铁律：如果你是第一个进入这个品类的品牌，如果你的对手都采用延伸方式，那么你可以用品牌延伸，但是一旦你的领域里有专家品牌，你就会遭殃。此外，如果你在几个品类里使用同一个品牌，你通常不可能在几个领域里齐头并进，而是产生一种"跷跷板效应"，当某个品类发展不错的时候，其他品类就开始下滑。

（3）跟风品牌。我们曾经列举了可口可乐历史上著名的六次跟风战略全部以失败而告终，但现实中跟风品牌却比比皆是，以下是其中的一小部分：劲跑、和其正凉茶、天与地茶、清扬、激爽。

（4）采用融合的方式创新品类。人类的想象力通常会把创意引向融合的方向，因为融合通常容易产生现实当中并不存在的东西。娃哈哈营养快线的成功看起来证明了把几种产品融合在一起是创新品类的可行方法，这是一种误导。营养快线的成功并非是"果汁加牛奶"的成功，早在几年前，果汁加牛奶而产生风味奶已经宣告失败。实际上，营养快线创造了一个新的品类"营养饮料"。而那些把几个品类简单融合的产品注定无法成功，如娃哈哈继"营养快线"之后推出的几个产品：咖啡可乐、咖啡奶茶、呦呦奶咖。

3. 部分品牌错失创新品类良机而发展平庸

发现了新市场，甚至发明了新技术或者产品仅仅是看到了推出新品类的机会，如果不能掌握品类化的正确方法，仍然无法创新品类，下面是部分错失创新品类良机者。

金威啤酒：原本有机会推出无醇或者低醇啤酒的新品类，但是现在传播焦点转向了时尚，沦为平庸。

青岛原生：原本有机会创建一个高级的啤酒品类，但是采用延伸策略，品类名定义的失误以及传播的失误葬送了这个机会。

柒牌：中国服装企业创建全球品牌的机会来自于西服、衬衫、领带这些欧式服装吗？我们并不这样认为，柒牌实际上面临一个建立强大中式正装品类的机会，但是漫无焦点的推广失去了这个最大的机会点。

云烟印象：原本有机会建立一个高档的雪茄型卷烟品类，但是，品牌延伸策略葬送了这个机会。

维维豆奶粉：原本有机会创建一个和牛奶市场一样巨大的品类——豆奶，但维维显然无法洞察这一机会，而跟风推出了牛奶品牌"天山雪"。

东风龙卡：原本有机会创建一个长头重卡市场的专家品牌，但产品线的延伸稀释了这个机会。

海信：其领先的技术使其原本有机会聚焦在电视或者变频空调领域创建一个强大的品牌，但和大多数家电企业一样，品牌延伸稀释了其竞争力。

佳洁士茶爽牙膏：原本有机会建立一个强大的茶香牙膏品类，这个品类将成为牙膏市场的主流，但是品牌延伸策略稀释了这个品类的特点，因为佳洁士代表防蛀。

LG竹盐：很难说清楚竹盐到底是品牌名还是品类名，但听起来，这个名字很像一个品类名，植物盐牙膏市场也是一个具有潜力的分支，遗憾的是，竹盐还被贴上了一个格格不入的电器品牌——LG。

4. 品类战略焦点缺失

创新或者聚焦品类仅仅意味着迈出了成功的第一步，品牌要实现有效扩张市场份额，还需要通过界定适合的竞争对手来扩大品类空间。

露露和椰树：如何进一步扩大市场和销量？露露和椰树面临的共同问题

是界定一个适合的对手，蓝海战略里所说的脱离竞争蓝海事实上是不存在的，没有对手的市场也意味着没有发展的空间，因为新市场总来自于老品类。

超能天然皂粉：纳爱斯一直通过大量的广告传播来推广天然皂粉，但这种强行灌输的方法显然难以奏效。天然皂粉的对手是谁？是肥皂还是洗衣粉？界定清楚对手之后还应该把对手从消费者的心智中移开。

鲁花：鲁花的广告一直在不停地传播自己是5S压榨花生油，这种策略显然不对路，作为花生油品类的领导者，鲁花应该把目光转向占据更多市场的对手如金龙鱼，为自己争取更大的空间。

误区四：无差别、全频道地使用大单品战略

大多数处于发展中的中小型企业看到可口可乐大单品的成功销售、王老吉红罐凉茶大单品顺利占领市场，开始"一边倒"地认为商品成功的秘诀便是要全力以赴地"押宝"到某个商品上，使企业将创造"大单品"作为一种潮流。

人们往往容易从一个极端跳出来，接着又跳向另一个极端。非此即彼的简单思维模式，很容易让我们将一个商品是否成功，与"多品"和"单品"建立某种联系。

选择做大单品或是多品种齐头并进的策略，事实上，需要根据商品本身的消费者购买行为特征决定。其中多品种战略适合消费者购买时高度介入的奢侈品和耐用品；而大单品战略适合消费者购买时低度介入的选购品和必需品。

以女装为例，不管怎样也不能做大单品概念，极少有女装品牌可以突破5%的市场份额，这又是什么原因呢？因为女装需求本身就代表着个性化的需求，哪个女装品牌一旦超越5%的市场份额，那么，女人们撞衫的概率就太大了，对于女性消费者来说，撞衫是非常尴尬并刻意避免的，因此，这类商品必须是多品的，单品做法对于行业本质而言，简直是背道而驰。

在电器行业、汽车行业、IT行业，没有个性化的甚至是定制的丰富产品体系，要靠一支大单品来打天下，几乎是"Impossible Task"。特别是高端轿车，甚至开发了简洁易用的模块化定制系统，如大众辉腾，可以根据消费者的定制菜单做出上千种改变；而在墙面漆行业，领先企业立邦漆还建立了消费者调色中心，让消费者自行选择和调制心仪的颜色；更不用说家喻户晓的DELL电脑的直销模式，其基本内涵就是快速响应和定制产品。

但对于像食品、饮料、洗化用品类的产品，走大单品策略才能树立清晰、简洁的产品特点和品牌形象，红罐王老吉为了维护自己的识别不开发PET瓶装凉茶，甚至为此付出巨大代价，让和其正的大瓶装PET凉茶抢走了红罐王老吉一直置若罔闻的二线市场。

在物质相对匮乏的年代，食品饮料的多品战略无疑显得更有吸引力。然而身处迷失在超市货架里的时代，当我们面对琳琅满目的商品无所适从的时候，多么希望有一个标杆能让我们立竿见影地判别商品的优劣，我们已经没有那么多时间一一甄选商品。所以这个时候，你就明白"大单品"的意义何在——看花了眼怎么办，干脆买那个最容易识别的、大家经常买的那个商品，反正不会错，既节约了时间，又降低了决策的风险。

所以，大单品取得成功的行业，都是饮料、牛奶、方便面、白酒、啤酒等快速消费品行业，要看准行业，不要一味地使用大单品战略，以免走入误区！

误区五：大单品困境是大单品策略造成的

在现实生活中，实施了大单品策略并取得一定成功的企业之所以遭遇困境，原因是大单品发展得不够与没能形成大单品群。

一个企业通过大单品获得一定成功，获得品类代言人的品牌形象与垄断性的市场份额之后，几乎都会遇到增长放缓或利润下滑的困境。所以，需要进行品种的丰富！一方面，是大单品系列的丰富，形成围绕主导单品的多价格带、多规格以及多包装的产品群，就如同军事上围绕大单品——航空母舰形成航母编队。另一方面，是大单品群的丰富，即围绕企业主业进行多品类创新与拓展，进而形成相关品类的大单品群，如同军事上围绕各基地建立相互依托的与多个航母战斗群组成的特混编队。

历史上拥有航空母舰组成的航母编队的国家在面对弱小国家时，具备快速取得突破与胜利的战力，进行品类创新的企业也是如此。一旦推出具有全新价值与外观的大单品，就会很快成长并收到良好的效益。

然而，一旦唯一的航空母舰性能过时导致战斗力下降，又缺少其他性能更先进的航母编队，这个国家就会陷入困境。例如，历史上的苏联共和国，只有一艘航空母舰"库兹涅佐夫海军元帅号"，在当时的军事竞争中从独树一帜最终滑落到连自保的能力都没有的地步；又如法国的"戴高乐"号航空母舰，印度的"维克拉马蒂亚"号航空母舰等，都曾面临同样的命运。

反观地球上唯一的霸主美国，研制了清晰的大单品群——从常规动力的"小鹰号"航母战斗群发展到最领先的"福特号"核动力航母战斗群，不断演进、更新，最终成为超级军事强国。

企业更是如此！凡是大单品策略遇到了困难和瓶颈，不是遇到了中国式问题——只有一个大单品"辽宁号"，没有形成高低搭配、功能补充的包含驱逐舰、护卫舰、反潜舰、潜艇在内的航母编队；就是遇到了俄罗斯式问题——组建有航母编队，但既要恢复欧洲传统进攻态势，又要向东扩张，自然力不从心。

所以，只有一支大单品的加多宝、养元六个核桃、统一老坛酸菜牛肉面最先遇到问题，接着拥有一支大单品群的郎酒红花郎、可口可乐等面临困境，能笑到最后的，还是拥有不同品类大单品群的企业——拥有爽歪歪钙奶、营养快线果奶、脉动功能水、娃哈哈纯净水、娃哈哈茶饮料、格瓦斯等的娃哈哈集团，拥有达利园蛋黄派、和其正凉茶、好吃点饼干、可比克薯片的达利集团。

误区六：大单品是偶然发现的，创新全凭运气

伟大的发明家爱迪生曾经说过："发明是99%的汗水加上1%的灵感！"大单品的成功同样如此。正如成功必有方法，创新也必然有途径。

综观不同行业与企业品类创新背景下成功的大单品，可以梳理出下面的路径或方法：

（1）寻找对立面，从"非"字入手。养生堂推出的大单品"农夫山泉"有能力凌驾于娃哈哈或乐百氏等饮用水巨头之上，主要因为养生堂是从"纯净水"的对立面切入，想到"大自然的搬运工"——天然水，从而成为矿泉

水品类的广告语。

（2）地域特色上升为全国产品。要说从地域特色上升为全国产品，加多宝凉茶可谓是其中的佼佼者。凉茶原本是广东传统凉茶铺即售即饮的降火饮料，然而通过加多宝在浙江市场不断推广，成为生活环境与广东相似的浙江人的时尚，最后通过一系列的营销手段进行推广，加多宝将一个极具地域特色的凉茶做成了几乎与可口可乐并驾齐驱的大单品。

统一老坛酸菜牛肉面同样有过这样的经历。老坛酸菜牛肉面原本属于统一方便面四川地区的一个特色口味，然而统一公司经过品尝试吃，感觉地域特色的酸菜口味完全可以在全国市场内畅销。最终经过一系列的行动，老坛酸菜口味这一大单品成为方便面行业仅次于康师傅红烧牛肉口味的第二大单品，同时也启迪了白象方便面开始推出"新大骨面"这一大单品品类。

（3）在传统文化里挖掘。尽管康师傅不是茶饮料的发明者或先行者，但康师傅推出的"绿茶"与"冰红茶"却成为茶饮料中占据相当大市场份额的大单品。这源于在茶饮料始创者"旭日升"推广新品的最初时期，康师傅便敏锐地嗅到其中蕴藏的中国传统文化资源。于是康师傅一方面在口味与品质研发上采取逆向工程的快速研发，另一方面利用自身形成的方便面销售网络通道一夜之间铺遍大街小巷，最终奠定了其茶饮料大单品的称霸地位。

养元六个核桃在传统"以形补形"养生文化里挖掘出了核桃的益智资源，加上"六个核桃"副品牌的定性传播，很快得到了超过50亿元的销售额，垄断了核桃类植物蛋白饮料。

（4）引进国外特色。这就不得不提起娃哈哈的格瓦斯和光明乳业的莫斯利安。一个引进于俄罗斯传统饮料，一个从保加利亚长寿村和酸奶之乡引入。异国风情和神奇传说都是传播的最好噱头，消费者的好奇心和尝鲜感被勾起来了，大单品的成功自然指日可待。

【大单品例证】

光明"莫斯利安"炼成记

常温酸奶莫斯利安让光明乳业实现了销售额的显著增长，它改变了光明的收入结构、发展定位。2014年，光明乳业近34%的营收来源于这款产品。2012~2014年，莫斯利安三年销售额达107亿元。那么这个产品是如何炼成的？

一直以来，以技术、品质作为核心竞争力的光明，是中国乳品市场公认的新鲜酸奶第一品牌。但中国奶品消费的主流一直是常温奶，伊利、蒙牛都是依靠在常温领域创造的规模优势建立起市场领导者地位。因此，如何实现市场规模突破、创造新的竞争优势的战略课题成为光明乳业经营层的核心思考。

通过对中国乳品尤其是酸奶消费市场的洞察，光明最终决定采用错位竞争模式来避开对手强势领域，在中国乳品行业的盲点——常温酸奶领域开拓无争市场。

要创造一款承载光明战略任务的产品，在营销上为产品"找概念、编概念"的做法是没有意义的，必须围绕酸奶的消费本质（益生菌种的品质），寻找到事实的价值支撑点，以这样的事实创建起常温酸奶的价值体系。这种事实价值同样能够帮助品牌跳出同质化的传播诉求、传播创意和传播演绎，形成全新的品牌运动体系。

运用多种途径和技术，光明创新团队以全球视野搜索产业资源和科学资源，终于有了大发现。他们在保加利亚乳业协会的专业书籍中找到了"莫斯利安是因喝酸奶而长寿的长寿村"的资料。保加利亚著名长寿村莫斯利安位于欧洲南部罗德比山脉的谷地里。这个神秘、美丽且与诺贝尔奖获得者梅契尼科夫有着难解之缘的村庄，蕴藏着神奇的秘密——山区牧民世代饮用自酿酸奶，是当地人身体健康的原因之一。

光明团队远赴保加利亚造访神秘的长寿村，当地村民热情接待远方的客人，将他们世代传承的酿造手工酸奶的菌种交付给中国来客，并谆谆嘱托："有爱心才能酿好酸奶！"来自长寿村酸奶屋的独特乳酸菌种——L99 活性益生菌就这样被带到了中国。

但真正的挑战来自产品的规模化技术研发和产品消费价值创建。光明用国内第一套欧洲引进的专用设备，在酸奶正常发酵时投入数倍菌种进行发酵，此道工序完成后，再进行无菌灌装，并全套使用进口包材，不但保证了酸奶中活性菌种的存活，而且使其在常温（4℃～25℃）状态下，保存时间长达120 天，便于消费者存放和旅游时携带，为深入城镇甚至经济发达的农村创造了必要的条件。

其实消费者无法具体感知光明在技术方面的努力，但人们可以通过显性信息接受产品的感知价值。

作为中国市场上前所未有的第二种酸奶，莫斯利安尽管是当时国内价格最高的酸奶，但由于没有任何直接竞争对手，竞品对莫斯利安的行动完全无法压制。上市后的消费者调研数据显示，莫斯利安酸奶的品牌喜好度、产品满意度、品牌动销驱动、重复购买意愿等指标都达到相当高的标准，数月连续刷新光明新品上市的记录，当年销售突破1.5 亿元。

以品牌故事为传播核心，以常温保存的酸奶为辅助价值，以品牌故事显像化创意为体验道具，通过全国上市发布、路演、网络公关、夏季消费引导、终端主题促销、节庆礼品战役等整合品牌传播推广运动，深度沟通，给予消费者全新的品牌体验，将产品利益转化积累成消费者认知和信任的品牌价值，有效支撑高价，创造动销。

云南猫哆哩：土特产走上"洋"关大道

中国休闲食品行业有着这样的现象，进入门槛低，无论规模多小的企业很轻松就可以进入这个市场；推广门槛高，休闲食品是实力企业的舞台，不推广，消费者就不买账。然而由于中国休闲食品市场潜力巨大，很多企业还是削尖了脑袋进入。

猫哆哩是云南省一个休闲食品企业的旗下产品，在企业规模、资金实力等方面均不占任何优势，猫哆哩从品牌内涵、产品文化、目标人群等方面做了一次较大的手术，急需转型性创新以实现小成本、大回报的商业神话。

为了走出土特产的界定，不但向旅游者推广，也要走出儿童、低龄食品的界定，不再在此类价格敏感人群圈内打转，重新规划目标消费群体，以都市白领及高端人士为突破口，创造更具价值认同的主流人群。

以云南特产为标识，创造性转型为"云南名片"，为从云南走向全国提供便利。针对主流人群的调研发现，压力大，生活繁忙已经成为都市人的代名词，于是一场由猫哆哩为主角的解压革命到来了。从"解压就喊猫哆哩"到"每天帮你释放 18 种压力毒素"，与消费者拉近距离，使消费者成为传播载体重要的一部分。

正是在竞争激烈的休闲食品市场中，猫哆哩以转型性创新开启休闲食品第三次革命，为企业带来了全新的战斗力与生命力，从此走上"洋"关大道。

参考文献

[1] 鞠凌云. 战略单品 [M]. 北京：电子工业出版社，2015.

[2] 沈志勇. 大单品突破 [M]. 北京：电子工业出版社，2014.

[3] 丁举昌. 黄金单品战略 [M]. 北京：中国发展出版社，2013.

[4] [美] 格兰特·麦克拉肯. 不懂流行文化就不要谈创新 [M]. 贾晓涛译. 海口：南海出版公司，2012.

[5] 周辉. 产品研发管理：构建世界一流的产品研发管理体系 [M]. 北京：电子工业出版社，2012.

[6] [美] 道格拉斯·赫尔特. 品牌如何成为偶像 [M]. 胡雍丰，孔辛译. 北京：商务印书馆，2010.

[7] 屈云波，张少辉. 市场细分：市场取舍的方法与案例 [M]. 北京：企业管理出版社，2010.

[8] [美] 艾丽丝·M. 泰伯特，蒂姆·卡尔金斯. 凯洛格品牌论 [M]. 刘凤瑜译. 北京：人民邮电出版社，2006.

[9] [美] 罗伯特·西奥迪尼. 影响力 [M]. 陈叙译. 北京：中国人民大学出版社，2006.

[10] 卢刚. 向华为学卓越的产品管理 [M]. 北京：北京大学出版社，2013.

［11］［美］菲利普·科特勒. 营销管理［M］. 梅清豪译. 上海：上海人民出版社，2012.

［12］［美］艾伦·亚当森. 品牌简单之道［M］. 姜德义译. 北京：中国人民大学出版社，2007.

［13］［美］迈克尔·波特. 竞争战略［M］. 陈小悦译. 北京：华夏出版社，2005.

［14］［法］古斯塔夫·勒庞. 乌合之众：大众心理研究［M］. 冯克利译. 北京：中央编译出版社，2004.

［15］［丹］杰斯帕·昆德. 公司精神［M］. 贾晓涛译. 昆明：云南大学出版社，2002.

［16］［美］鲁道夫·阿恩海姆. 艺术与视知觉［M］. 滕守尧，朱疆源译. 北京：中国社会科学出版社，1987.

后 记

当今中国很多企业都陷入了销量滞涨、利润下降、增长无路的市场僵局。如何突破？本书倡导：企业经营的原点，产品为王；大单品，王中之王。只有大单品，才是突破市场僵局的真正战略！相信读完本书的读者，心中已有了大单品的概念。

本书是作者多年培训实践及研究心血所成，将案例与方法相结合，详细叙述了大单品的塑造过程，并加以分析、提炼，生动直观，可读性强。本书在创作过程中也参考了同行作品中的观点，真诚希望读者及同行对本书提出批评建议，以便未来修订完善。

真正伟大的著作会超越作者的生命，也超越作者的解释。一个作品完成的时候，作品的命运就由读者决定，作者的存在已不再重要，无论这个作品是转瞬即逝，还是永世流传。本书的功能性目的能否实现，作者自有私心期许，但只有让读者与时间去决定。

最后，要感谢朋友一直以来的无私关怀和支持！师长、亲人、同事的支持与帮助是本书得以出版的力量源泉，在此，向各位曾经关心、帮助本书出版的朋友们再次表示最衷心的感谢与诚挚的祝福！